DANIEL HABIF
INQUEBRANTABLES

 HarperCollins *México*

© 2019, HarperCollins México, S.A. de C.V.
Publicado por HarperCollins México
Insurgentes Sur 730, 2.º piso.
03100, Ciudad de México.

© Daniel Habif, 2019

Edición: Mario Acuña Santaniello y Grupo Scribere

Diseño interior: Sandoval Design, Dalia Aidé Valencia Sosa,
Ricardo Antonio Arzamendi Díaz de León, Lourdes Sarai Miranda Díaz,
Fernanda Serrano Vargas

Tipografía: Grupo Nivel Uno, Inc.

ISBN para la edición mexicana: 978-607-8589-75-3
ISBN para la edición internacional: 978-1-40022-036-6

Distribuido fuera de México por HarperCollins Leadership.

Primera edición: octubre del 2019.

Impreso en Italia

21 GV 15 14

Contenido

Dedicatoria

A Jesucristo, mi más grande amor e inspiración; contigo todo, sin ti nada. Con tu gracia me basta.

Anyhita, se crean mundos nuevos cuando te tomo de la mano. Te amo y te amaré eternamente. Eres mi gigante.

Mamá, tú mi superhéroe. Haré un libro entero solo para darte las gracias.

Papá, no lo hubiera logrado sin tu ausencia. Nos veremos en lo eterno.

Hermanos, los amo. ¿Se acuerdan de esas noches cuando dormimos todos juntos en Acacias #60? Yo, todos los días.

Suegros y cuñados, al final no salí tan mal partido. 😐 ¡Salud!, por esas tardes en el 701, en el 402 y en el 104.

César, Papa Bear, por los imposibles, por los siempre, por los nuestros, por los *valet parkings* y las pipas.

Vanna y Rocco, aquí dejo tatuada nuestra amistad. Gñones.

Abraham, Dios se acordó de darme el hermano que le pedí hace tiempo.

Rodolfo, sé que será el primer y único libro que leerás en tu vida. 😆 Te quiero, cabezón. Veinte años siendo carnales.

Mario, ¡por fin! aprendimos a celebrar.

Erika, Lindy, Martita, Nayelli, Cuitlahuac, Fernando, Rolando, Paco, Pepe, R. Chagoya.🙌 Los quiero brutal.

A mis gatitos, que… gdhekfixkestán pisando el teclado mientrasjyu#% escribo que los amo.

A cada uno de quienes ha estado conmigo, sin importar el tiempo y el espacio del trayecto, que ha compartido o comentado un video, un escrito, una foto. A aquellos que han ido a una conferencia, que me han abrazado en un restaurante, en la calle, en un aeropuerto, en un *lobby*, en algún lugar. A aquellos que me han enviado un *mail* lleno de bendiciones, que me han dicho que no pare, que han orado por mí. Que me han defendido, que me han cuestionado, que me han enseñado y rectificado.

A ti, que con tu amor y honra me has dado tanta alegría y felicidad. Este libro es para homenajearte. Sin ti, no existiría.

Es muy difícil escribir dedicatorias cuando tanta gente cabe en tu corazón.

Inquebrantables hoy, mañana y siempre. En verdad los amo.

Dios los bendiga.

Fin

ADVERTENCIA:

La
falta
de
coraje

causa
disminución
de
momentos
increíbles.

Antes de comenzar

Ya te di la última página. Si lo que querías era terminar este libro, puedes darlo por acabado. Si solo pensabas borrarlo de una lista de pendientes, puedes pasar al siguiente.

En cambio, si quieres volver a comenzar, no un nuevo libro, sino una nueva vida, una aventura, quédate y creemos juntos. Las palabras aquí contenidas nos pertenecen a ambos porque en cada relectura le darás un nuevo final. Regresa a ellas como el eterno aprendiz que debes ser, porque no llegaron a ti para enaltecer la brillantez de tu inteligencia, sino para robustecer la fortaleza de tu espíritu.

No lo escribí con la intención de que te enganches, todo lo contrario, lo hice para que cada página detone en ti una necesidad de dejarlo, para que pongas una marca y salir a perseguir lo que resuena dentro de ti. Cuando vuelvas, él te estará esperando donde dejaste el marcapáginas, pero tú habrás cambiado y estarás más cerca de tus sueños. Lo pongo en tus manos dispuesto a recibir las cicatrices de tinta, las manchas de café, las fracturas que quedarán en sus hojas dobladas.

Este es un libro que no acepta resúmenes, no forma parte de los títulos que tachas y vas a otra cosa. No es un trofeo, ni un manual de procedimientos, no es una tesis, ni un texto académico. Si tu intención es pasar por él sin dejar que él lo haga por ti, no servirá de nada. Podrás recuperar el dinero que usaste para adquirirlo, pero te advierto que el tiempo se habrá ido para siempre.

Su belleza no está en las palabras que yo escribí, sino en los hechos que tú generarás con ellas. Está compuesto de mil pedazos míos, trozos sueltos de mi alma y de mi carne: un alcázar edificado con todas las piedras que me han lanzado, una diadema confeccionada con las perlas que he recibido. Hallarás soledades y alegrías, anhelos y zozobras, inquietudes y esperanzas, clamores y murmullos. No fue fácil desprenderme de ellos.

Soltar duele, pero ¿qué tal sostener?

Necesito que pongas de tu parte y sueltes tú también las piedras y las perlas, y que con ellas edifiques el faro con el que puedas iluminar a otros, porque este no es un libro de autoayuda, es un libro sobre cómo ayudar a otros. Sin acción, de nada servirá que lo leas cien veces; en realidad no habrás pasado de la primera página hasta que seas capaz de provocar que alguien se levante y sostenga tu brazo, solo entonces adquirirás la fuerza suficiente para levantarte tú.

Este no es un tratado para satisfacer a quienes necesitan encontrarle sentido a todo: es una invitación a sentirlo todo en la vida, y a que la vida tenga sentido. No es un libro de recetas, es un himno al apetito voraz de un loco soñador. No teje hipótesis, desata misterios; no encierra doctrinas, sintoniza espíritus, abre corazones.

Este no es un libro de intentos, es un libro de hechos.

Por ello te pido que cuando una persona te permita entrar a su corazón te quites los zapatos, porque allí existen lugares sagrados. Yo también me he descalzado porque pretendo que me dejes entrar en el tuyo. Y no vengo solo, entraré de la mano de alguien que trasciende lo finito, que viene de un lugar donde nada falta. Él es la llenura, el mayor restaurador de almas. No le tengas miedo, porque aquellos que le abren la puerta estarán siempre saciados. Convierte las casas en hogares y las semillas en dulces frutos.

Mi función no es instruirte, sino mostrarte. Nadie, además de ti, tiene una maestría en tu vida, solo tú conoces la anchura de tus sueños, esa dimensión que se abre cuando cierras los ojos. No has venido a leer, has venido a hacer.

Aquí los hechos los pones tú. Yo estaré acompañándote, hablándote de las innumerables ocasiones en las que me levanté con la sonrisa puesta, el corazón intacto y el espíritu curtido.

Las ideas y los conceptos que aquí encontrarás provienen de diversas lecturas, resultado de muchas horas de estudio, reflexión y profunda observación. Entre sus fuentes destacan los libros que componen la obra universal, ese manantial de sabiduría intemporal que ofrece respuestas a todas las dimensiones del pensamiento. La razón para escribirlo contigo la encontré en las palabras de mi madre el día que le dije «Yo voy a ser billonario», y ella me respondió «Serás billonario el día en que hayas ayudado a un billón de personas». Juntos abonaremos millones en esa cuenta.

Este libro existe para que sepas que no necesitas sentir urgencia si a los 25 no has encontrado la pareja de tus sueños, o te convenzas de que sí puedes graduarte a los 50 si te tocó trabajar y sudar para mantener a tu familia. En la vida que construirás luego de pasar esa página que dice «Fin», dejarás de estar triste

Protagonizas tu propia historia, no la copia de carbón de otros pasos.

porque aún no tienes hijos y tus amigas sí, porque no has alcanzado la independencia económica, no has ido a París o porque no luces un reloj de lujo, y vas a luchar para lograrlo. Escribirás un nuevo ser que ignora a quienes le hacen creer que se debe dejar el pellejo en algo que no le gusta porque otros piensan que debe tener un coche o un yate. En esta nueva historia no vives a la sombra de otros, porque sabes que lo que quieres tiene un precio, y lo pagarás con la dicha de hacer lo que te revienta de pasión el alma.

Comencemos los mejores capítulos de tu caminar por esta vida. Si no te gusta la historia que estás escribiendo, no cambies de página, cambia por completo tu libro; y si te encanta, entonces, ensancha su verbo. Te doy las gracias por querer iniciar esta travesía, porque has decidido insistir y soñar con cambiar el mundo para bien. La mejor frase es la que empieza con un «Gracias», así que espero que estas letras sean de servicio profundo para ti y los tuyos.

Redescubriremos el potencial infinito que yace en ti, en tu unicidad, en aquello que te diferencia de todo lo que existe en la inmensidad del cosmos. Demostraremos que somos *Inquebrantables*.

Inquebrantables, es lo que somos tú y yo.

INQBRNTBLS

«LOS INQUEBRANTABLES

Tienen miedo, pero no se mantienen asustados. No les ponen límite a sus sueños porque saben que el fracaso no existe, que lo que se fue no hace falta y lo que hace falta ya vendrá. No dicen: «Mañana nos vemos», porque mañana no existe.

Buscan la grandeza y no piden permiso para obtenerla, no tienen la vida que les tocó, tienen la vida que quieren. Comprenden que nada es permanente: ni los errores, ni los miedos; saben que nadie les puede robar sus sueños, toman riesgos, conquistan y colonizan, construyen con sus labios lo que quieren ver con sus ojos.

No suspiran por las cosas, sudan por ellas, extirpan la amargura, arrancan la ira, dejan la necedad; saben mucho, pero hacen más. Son constantes y perseverantes, usan todos sus talentos y dones, no toleran la mediocridad, no pierden su tiempo, elevan sus estándares;

no son como ayer,

aceptan sus errores, pero no se encadenan a ellos, no se detienen por las opiniones de los demás.

Lo imposible es su juguete favorito.

Son ordenados, disciplinados, no tienen vista, tienen visión; no claudican, se caen y se levantan. Convierten el no en sí, escriben hoy con hechos lo que quieren leer de ellos mañana:

IN QBRN TBLS

**perdonan,
sirven,
aman,**

no tienen un
plan B,

no suben
solos a la cima.

Son mansos, pero no mensos, están probados en fuego y dolor, han llorado y
han sufrido, no se lamen las heridas, no se vengan ni castigan.

Están rotos y desgarrados. No son santos ni perfectos.

Son
Inquebrantables.

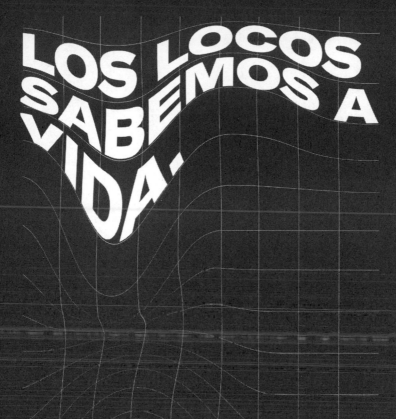

LOS LOCOS SABEMOS A VIDA.

COMPRENDEN QUE NADA ES PERMANENTE. NI LOS ERRORES
NI LOS MIEDOS. SABEN QUE NADIE LES PUEDE ROBAR SUS SUEÑOS

INQUEBRANTABLES:
ESTÁN ROTOS Y DESGARRADOS
NO SON PERFECTOS
SON INQUEBRANTABLES

CONVIERTEN EL NO EN SÍ

Capítulo 1

Un billón de abrazos

Hay más dicha en dar que en recibir. (Hechos 20:35)

Jesús de Nazaret

Hay miles de libros de autoayuda, pero son pocos aquellos sobre cómo ayudar a los demás. Solo tendiendo la mano a otros descubrirás la forma de ayudarte a ti mismo.

La pregunta: «¿cómo puedo ayudarte?», debería aplicarse a diario. ¿Cuántas veces la has dicho hoy? Ayudar no debería ser un mérito, sino un placer.

Si usas tus dones y talentos para que a nadie le falte:	*Te aseguro que jamás te faltará:*
✓ Comida	✓ Comida
✓ Refugio	✓ Refugio
✓ Vestido	✓ Vestido
✓ Compasión	✓ Compasión
✓ Respeto	✓ Respeto
✓ Dignidad	✓ Dignidad
✓ Justicia	✓ Justicia
✓ Ayuda	✓ Ayuda
✓ Amor	✓ Amor

No es un esquema de retribución, sino del ensanchamiento del espíritu. Desde allí partirá tu enriquecimiento.

Deseo que cuando leas este libro tengas en tu horizonte el impacto que puedas causar. Inicialmente en tu entorno, pero sin perder de vista la contribución que serás capaz de hacer a millones de personas. Quiero que juntos construyamos una sinergia que produzca abundancia mental en ti, una que conduzca a otras fortunas en tu hogar, tu calle, tu barrio, tu ciudad y, exponencialmente, hasta el mundo entero.

Cuando no tienes, da y te darás cuenta de cuánto te sobra.

En eso consiste ser inquebrantable. Tú puedes conferir a este libro la capacidad de sanar heridas a través de tu

**Si te cansaste
de volver a**

empezar,

deja de darte
por
vencido.

acción diaria, puede *empujarte a empujar* a todos más allá de los confines de sus virtudes y talentos conocidos.

Ya que pasaste la página que dice «FIN», no hay apuro. Zambúllete en estas letras el tiempo que sea necesario, nadie te persigue. Te invito a que medites su esencia de forma profunda, que apliques sus ejercicios con honestidad y no tan solo para cumplir una tarea ni acumular conocimientos. Muchas personas que comienzan un libro no avanzan más allá de los dos primeros capítulos, pero tú ya lo has terminado, así que puedes seguir sin prisa y reflexionar. Deseo que te enfrentes a él de una forma distinta, no tanto para aprender como para enseñar, no tanto para absorber como para irradiar y ser un agente de los prodigios que el amor al prójimo es capaz de realizar.

> **En esta vida es más importante la dirección que la velocidad.**

Te exhorto a leer con detenimiento y celo, a interactuar con integridad y valentía. Medita en lo ya escrito y mucho más en lo que escribas tú.

Ya que hacemos este libro juntos, es momento de que me presente y te cuente algo de mí. Mientras escribíamos, encontré esta fotografía, y al verla enmudecí por unos minutos; fue como si el presente me hubiera dado un puñetazo justo en el entrecejo para noquearme la vista y abrirme la dimensión periférica del espíritu. Se alborotaron las emociones más primitivas de mi alma.

Cuatro años antes de esta fotografía, en 1988, una juga-
da del destino me empujó a dar mis primeros pasos en el
mundo del entretenimiento. Ese día acompañé a mi hermano Eduardo a la filmación de un comercial de televisión que
él y otro niño protagonizarían; fue entonces cuando los virus
se pusieron de acuerdo para conspirar a mi favor: el niño que
había sido seleccionado para hacer el papel del hermano de
mi hermano había amanecido enfermo. Los productores le
pidieron permiso a mi madre para hacerme una prueba y yo
interpreté el personaje de aquel niño. Algunas veces hasta
los mocos pueden cambiarnos la vida. Todo pasa para bien
si bien lo tomamos.

Ahí estaba yo, justo donde Dios me colocó como una
pequeñísima pieza en un inmenso ajedrez. Él ya tenía la

Foto por Delia Habif Gregoire (1991)

apertura y el ataque que me llevarían al jaque mate de mi vida. Sin entenderlo, aquel día inicié una carrera, un recorrido con sus pequeños y medianos logros, sus grandes fallas y sus desilusiones.

Mi andar ha sido de estudio y preparación, con pocas horas de juego. Mientras otros pateaban un balón, yo actuaba en un foro o ayudaba a mi madre a preparar los sándwiches que yo vendía en la escuela. No pude ir a la universidad por varias razones y muchas carencias, por eso me tocó pagar otro precio. Mis compañeros llegaban en un paso a donde yo llegaba en cinco y destruido. Aun así, mantengo que hay a quienes los certifican los diplomas, y a otros la vida: yo estudié baile, actuación, canto, diseño, tiro con arco, pantomima, *ninjutsu*, ajedrez, turismo, publicidad, pintura y fotografía. Hoy devoro libros de apologética, teología, biología, historia, cocina, arte, arquitectura, y toda letra que se me cruce y ensanche mis horizontes, me la sirvo para la cena. Jamás dejaré de aprender ni de tener hambre. Siempre pensé que no llegaría, que no lo lograría, que no era muy inteligente; nunca tuve excelentes calificaciones, siempre sudé el doble que quienes sin esfuerzo sacaban las mejores notas. Conviví con gente rica y adinerada, mientras ellos ordenaban una botella, a mí me tocaba pagarme una cerveza y hacer que durara toda la fiesta.

Luego de aquel comercial actué, canté, bailé, hice desde teatro musical hasta clásico. Declamé a Calderón de la Barca, interpreté personajes de Luis G. Basurto, Lorca, Argüelles, Chéjov, Dostoyevski, Grotowski y Peter Brook.

Benedetti me arrullaba y volaba con Neruda, Leonardo da Vinci me hipnotizaba y la *Divina comedia* terminó por romperme el molde. Con Oliverio Girondo me emborraché y Juan Rulfo me despertó con *El llano en llamas*.

Luego comencé a cuestionarlo todo, comenzando con Darwin, y toda mi vida cambió cuando llegué a la Biblia: Pablo me impactó con su firmeza y valentía; Salomón me enseñó la vanidad, y que nada vale más que la sabiduría; David me mostró que la fe derriba gigantes; Daniel me mostró qué es la fidelidad y de Moisés aprendí que no hay edad para conquistar, que aunque seas tartamudo tus palabras tienen poder para impactar.

Cuando leí sobre el caminar de Jesús, me enamoré de Sus pasos. Siguiendo Su andar, escribí, compuse canciones, poemas, prosas y frases que me gustaban solo a mí, y a mi mamá, por compromiso.

Formé una banda de *rock* y *funk*, con ella grabé un disco que nunca salió, canté en bares, antros y lugares donde nadie me veía. Yo solito soñaba con ser el chico malo de la música, desafiné miles de veces y desafinaré mil más.

Fui solista y no funcioné, produje, dirigí, fui heladero y repartí volantes de mi negocio. Vendí comida, tuve una pequeña fábrica que no pude terminar, gané miles, gané millones, y los perdí; recuperé el dinero y volví a perderlo. Se rieron, me aplaudieron, me juzgaron, me equivoqué, me mintieron, mentí, pedí dinero prestado, presté dinero y nunca me lo regresaron, me robaron, me humillaron, me enojé con Dios, aún me peleo con Él —y, obviamente, siempre pierdo—, me deslumbraron y me partieron el corazón, pero por fin me enamoré, conquisté una reina, una princesa, me conseguí un *mujerón*.

Me casé; fue un reto conquistarla, pero casi dos décadas después sigue siendo mi esposa, mi mejor amiga y mi socia para todo. A su lado, tuve una discoteca que también perdí, pero me divertí; produje más de 600 conciertos, hice cientos de campañas de *marketing*, tuve cientos de empleados. A los 27 ya había vendido miles de boletos como promotor de espectáculos.

> **Ser bacteria e infectarme a mí es fracasar como bacteria.**

Fui ambicioso, codicioso, ególatra, y aún lo soy un poco (está bien… mucho). Por ello la vida me tumbó los dientes. Intenté ser mánager de talentos, y lo fui. Perdí mi compañía, hice una nueva y la volví a perder. Me contrataron, fui empleado; luego, jefe; más tarde, dueño; al final no fui nada.

Perdí a mi padre, perdí amigos y socios. Perdí, perdí y perderé, pero nada de lo que perdí me arrebató la pasión, la garra ni la tenacidad. Me dieron una vida y un cuerpo, y me lo voy a acabar completo, no me quedaré con nada.

Padecí la enfermedad de Lyme, perdí la memoria, me sentí morir y casi muero. Pasé cinco años enfermo y dos en tratamiento, sufrí insomnios y fiebres delirantes.

No he llegado solo, muchos me ayudaron: mi esposa, mi madre, mis hermanos, mi mánager, mi equipo, mis amigos, los empleados, los socios, los enemigos, los detractores de estos años. No terminaría de agradecer y honrar a esas personas que me tendieron la mano cuando no tuve nada, ni a aquellos que me empujaron para hacerme caer de rodillas. Nadie llega solo a la cima, por lo regular, la soledad nos acompaña de vuelta, cuando descendemos de la cumbre.

Si mi yo del futuro pudiera volver, me diría algo como:

¡Hey!, Daniel. Ya no estés triste. En el futuro todo estará bien, realmente bien, mejor de lo que te imaginas; pero antes de que llegue ese momento, te pasaré por el fuego y el desierto, querrás quitarte la vida un par de veces, irás al psicólogo y te dirán que no encajas en la sociedad. Te darán recetas con píldoras para la hiperactividad y la gente se asustará con tu intensidad y tu pasión. Caminarás en soledad por horas y gritarás tan fuerte por dentro que las ventanas de tu alma se quebrarán. Aun así, nadie vendrá a ayudarte.

Tranquilo, porque saldrás de ahí siendo inquebrantable: todos los terrores que vivirás serán palancas para levantar a una generación de amor y paz. Tu dolor se habrá convertido en gozo, porque del sufrimiento brotará una sonrisa que se posará en tu rostro, la abonarás con las heridas que aprenderás a sanar.

Ten fe, porque Dios te dará a la mujer más bella, será el amor de tu vida y juntos se embarcarán en aventuras formidables. Prepárate, porque jóvenes y adultos escucharán los mensajes que brotan de tu corazón y levantarás a caídos, llenarás teatros, escribirás libros. Tu pasión hará arder los carbones de otros, ayudarás a niños y ancianos, unirás matrimonios, reconciliarás naciones, serás perseguido y criticado, enfermarás, morirán personas que amas, te seguirán traicionando y procurarán robarte las bendiciones. Pero tu firmeza será tan clara que nadie podrá detenerte, porque le creerás todo a Dios, como un niño, y arderá tanto tu llama que estarás dispuesto a consumirte entero por Su amor.

Serás un tipo de contracorriente, pero ni lluvia, ni tormenta, ni desiertos harán temblar tu voluntad cuando de servir al Rey se trate.

Tu epitafio dirá: «Aquí yacen un billón de abrazos».

Si Dios me lo permite, le voy a regresar un traje desecho y cuando me pregunte: «¿Qué es esto?», le diré: «Discúlpame, pero me dijiste que te creyera y te creí todo». Y le entregaré un cuerpo que ya nadie podrá usar porque solo encajará con mis heridas y mordidas, porque le hice remiendos a mis cicatrices y desgarres. Le devolveré un traje que parezca que lo han atropellado un centenar de búfalos y lo han masticado un millar de hienas, pero al que nunca pudieron borrarle la sonrisa, porque esta confundía al terror cada vez que se acercaba.

Ahora quiero que me cuentes algo de ti. Dime, si tu yo del futuro pudiera volver. ¿Qué te diría? ¿Qué dirá tu epitafio?

CARTA DE TU
YO DEL FUTURO

CREA SUEÑOS — VENCE OBSTÁCULOS — ¿QUÉ TE DIRÍAS? — ¿HASTA DÓNDE LLEGASTE?

#00001

CREA SUEÑOS | VENCE OBSTÁCULOS | ¿QUÉ TE DIRÍAS? | ¿HASTA DÓNDE LLEGASTE?

TU
EPITAFIO
DIRÁ:

Escríbelo y compártelo con todos los
INQUEBRANTABLES usando las etiquetas
#EpitafioDH #DanielHabif

TU PROMESA NO TARDA

Jóvenes y emprendedores que han malgastado sus motivos en miedos y dudas, han dejado que las opiniones de los envidiosos, de los realistas y de los dogmáticos les hagan huecos en la mente y en el espíritu, los han frenado.

Si ya no sueñas, al menos deja de matar los sueños de otros. La vida no es una carrera de 100 metros, es una carrera de resistencia: más que una fiesta es un increíble desierto, en el cual se necesita más de carácter y temperamento que de talentos y dones.

El reto del siglo es hacer más con lo que sabemos. Te aseguro que así se abrirán caminos en el desierto y ríos en la soledad. Sentirás estas palabras solo como una inyección de entusiasmo que durará unas horas o unos días, y después la emoción bajará y te llevará de nuevo a la confusión o la depresión por falta de propósito.

Si tus sueños no te aterran, es porque todavía estás soñando muy abajo. Sueña hasta que te tiemblen las piernas.

Vivirás la motivación como un acto de magia y no como un hecho irreversible en tu vida. Debes tatuar tu alma, reprogramar tu mente y tu corazón con los códigos de lo alto, es urgente que limpies las telarañas de la mediocridad y te eleves a un nuevo estándar. ¡Júratelo allí donde estás!, ¡júratelo ahora mismo!, date cuenta de que no quieres cambiar, solo deseas cambiar: tú no quieres dejar de estar deprimido, tú solo deseas dejar de estar deprimido; lo que tienes es una lista de deseos, no de convicciones.

Ningún deseo existe sin el poder firme de decisión y de acción, pero antes de aprender hay que desaprender. Tira lo que sabes que ya no te sirve, necesitas firmeza, no dureza. Tu promesa no se retrasará ni un día, pero debes creer que es tuya, solo tuya, y debes pelear por ella.

Pronto te sorprenderás con el cumplimiento de cosas que creías perdidas, pero debes poner tus pies a correr. Él espera que camines y creas. Con lo poco que ya te dijo —y aunque no lo veas—, no lo puedes negar. Esta es la fe que vive en ti y en mí, la fe que deja de ser un mero concepto y supera lo natural; muchos de los cumplimientos llegan cuando ya no puedes más, cuando tu cuerpo y tu mente están quebrados. Es en ese momento cuando debes volver a creer.

Espera, pero aprende a esperar. Saber esperar es un arte que requiere actitud y fe; todos necesitan fe: los médicos, los ingenieros, los diseñadores, los productores, los emprendedores, los artistas, los pintores, los inventores, los arquitectos, los ateos, los agnósticos, los astrólogos, todos la necesitamos. La espera solo impacienta a alguien que no tiene la fe activa.

Recuerda cuánto has progresado, no cuánto te falta. No estás donde quieres, pero tampoco donde estabas.

Refuerza tu fe y cierra las puertas de la duda. La fe es la cura y el antídoto para el «fracaso» y la depresión, ella

Practica intensamente la fe y nada te será imposible.

es más fuerte que el tiempo y más efectiva que la muerte, es la base de todos los milagros y los misterios que no se pueden analizar con la lógica y la ciencia. La fe desquicia la razón y la pone de rodillas, en la fe encuentras el elixir eterno. Te dota de propósito y te vuelve invencible.

¿Recuerdas aquello que hace mucho pediste en oración y que ya no insistes porque piensas que no sucederá? Te aseguro que tus ojos lo verán: se recompensarán esas lágrimas derramadas y ese corazón comprimido.

Yo lo he vivido, yo lo estoy viviendo. Te juro que lo verás.

¡Créelo!

Capítulo 2

Seamos traficantes

Ni muy listo ni tonto de remate.
Fui lo que fui: una mezcla
de vinagre y de aceite de comer.
¡Un embutido de ángel y bestia!
Nicanor Parra

Espero que la carta que recibiste del futuro haya tenido grandes revelaciones para ti. Recién comenzamos y la persona en que te convertirás ya ayuda a alguien.

Sin embargo, aún me quedan algunas cosas por conocer sobre ti antes de seguir nuestro camino. Quiero saber cuánto tenemos en común, para ello te pido que escribas en los

espacios que he reservado, con la más absoluta honestidad, las cinco cosas que más amas en esta vida:

Ahora quiero que revises la lista y mires si te incluiste en
ella.

LE PEDÍ
QUE MENCIONARA
COSAS QUE AMA
Y JAMÁS MENCIONÓ
SU NOMBRE.

Si no lo has hecho tienes mucho en qué pensar. Imagínate lo que implica: vives contigo el 100 % del tiempo, ¡carajo!, ¿y no estás en la lista de lo que más amas?

Debe gustarte algo de ti, es importante que reflexiones en cuáles son esas cosas. No está mal que aprecies tus virtudes. No debes avergonzarte si te gusta tu pelo, lo bien que bailas o el tono de tu voz. Complácete en cómo dibujas, en lo rico que cocinas o en lo buen padre que eres.

La siguiente vez que hagas planes, no se te olvide incluirte en ellos.

Nos enseñaron a no ser creídos, a desechar la idea de que podríamos alcanzar algo grande, a que los aplausos estaban reservados para los genios, las estrellas, los poseedores de grandes hazañas. Nos educaron para disculparnos por nuestros logros. Nos enseñaron a callar, a no pedir, a no interrumpir, a seguir los cánones.

La sociedad, la cultura, las tradiciones y la familia nos ponían un bozal cuando, sentados a la mesa, nos atrevíamos a confesar nuestros sueños. Explorar nuestras capacidades nos convertía en unos petulantes, y aprendimos que era de buena educación asumir esa pesada modestia bajo la cual ocultábamos nuestros talentos; lo hacíamos para no intimidar, para que el hermano pequeño no llorara, para que el jefe no se sintiera amenazado, para que el esposo no se sintiera menos al lado de una mujer llena de virtudes.

Nos compararon y ahí mismo nos enterraron. Luego de escondernos los talentos, nos pidieron hacer lo mismo con las ansias: «No fantasees tanto», «no pierdas el tiempo en eso», «no insistas más en algo imposible». «No seas...», «no seas...», «no seas...». Se cansaron de decirnos: «No seas lo que eres». Y es que descubrir quién eres, aceptar quién eres, y ser quien eres, tiene un precio altísimo, pero es el precio de la dignidad humana, más aún cuando la sociedad te prefiere tal como no eres.

Recibe. Recibir también forma parte de lo que somos. Nos enseñaron a no aceptar halagos: te dicen que te ves bien y tú respondes: «¿Cómo que bien?, mírame la panza»; cuando te felicitan, respondes: «No fue nada, aún tengo mucho que aprender». Nos enseñaron a dar, pero no a recibir. Esto nos desvaloriza, nos saca de balance. Debemos abrazar una autoestima sana que nos permita dar y recibir, fundamentada en valores espirituales, aunque sean radicales o incómodos para la sociedad. Las personas con baja autoestima no saben recibir y por ello les cuesta dar; les avergüenza celebrar sus triunfos y no aprecian los triunfos de los demás.

No es lo mismo creer que no somos capaces de ser buenos en algo, que creernos tontos. No es lo mismo decir que no te gusta tu nariz, que considerarte horrible. Todo lo que definamos como parte de nuestra identidad ejerce un impacto profundo e inmediato en nosotros. Por ello, cuando cambias las creencias sobre tu identidad, regresas a tu modelo original y te conviertes en la persona que realmente eres.

Nuestras creencias son construidas por lo que nos han dicho, lo que hemos vivido, leído y observado, la influencia de nuestros maestros, parejas, padres, y también por lo que impera en la cultura y los medios de comunicación. Todo esto impacta nuestro mundo mental y espiritual, termina arraigado en el consciente y el subconsciente, tatuado en nuestro espíritu. Es por eso que las creencias se entierran en la profundidad de nuestra mente y parece muy difícil acceder a ellas.

Necesitamos saber de dónde provienen nuestros pensamientos negativos, qué los activa y así evitar que reaparezcan, pero como se trata de una creencia, la arrastramos una y otra vez. La autoestima nos permite mejorar de modo continuo y, sobre todo, nos empuja a capacitar y motivar a otros.

Ser como eres en un mundo en el que la mayoría de la gente no quiere ser como es resulta un rotundo éxito.

Aportemos el legado de una valoración propia, que inspire y rompa con el *statu quo* y con la falsa modestia. Necesitamos detener con urgencia la masacre de aspiraciones en nuestro sistema educacional, en los hogares y en las empresas.

Comienza por ser lo que eres, y verás abrirse las puertas de par en par. No pretendas ser otro ni creas ser menos, porque todos valemos lo mismo, aunque seamos diferentes. Busca eliminar las culpas, las exigencias ridículas, el perfeccionismo y la necesidad de ganar a cualquier costo.

Y si alguna vez pierdes a alguien por tener pensamientos profundos, porque tu alma se rebosa, por amar demasiado, por arriesgarte a retar y confrontar, por elevar tu voz ante la injusticia, por ser fiel a tus convicciones, por decir que no, por ofertarte sin descuentos, por vestirte sin disfraces o por mostrar tu fe, no serás quien haya perdido, en realidad habrás ganado.

Por cierto, no busco que te creas lo más importante que hay en el mundo, solo te pido que aprendas a gustarte y que aprecies las cualidades que hay en ti.

Vuelve a realizar el ejercicio de la página 38 y si aún no te incluyes en la lista de lo que más amas, nos queda mucho por crecer. Ya aprenderás a amarte. Cuando Dios encabece esa lista, tú también lo harás.

Los inquebrantables usan todos sus talentos y dones, algo que solo es posible cuando aprecias que estos residen en ti. Pero recordemos que nuestra misión principal es buscar que otros detonen sus atributos.

Si crees que eres el más grande del mundo, quizás tu mundo sea muy pequeño.

❖

Nuestro sistema educativo dedica mucho tiempo explicándole a los niños cómo conseguir la riqueza, pero no les enseñan para qué la quieren, cómo disfrutarla ni, mucho menos, a usarla con sabiduría. Salimos de las escuelas sabiendo matemáticas, química e historia, pero sin saber cómo hablar en público, a relacionarnos con los demás, ni a comprender a las tribus que conviven en nuestras ciudades. Los maestros motivan, pero no inspiran. En ninguno de nuestros países existe una clase de inteligencia emocional. Nadie ha colocado en los programas de estudio

materias sobre cómo manejar y dominar las emociones, ningún ministerio ha incluido la autoestima. Y de esto hablaremos más.

Ya que nos han educado para reprimir nuestra autoestima y en las escuelas no nos enseñan a desarrollarla, no nos
queda otro remedio que actuar como quienes portan ideas
clandestinas o comercian con sustancias ilícitas. Debemos
desenvolvernos como miembros de celdas subversivas,
como agentes que propaguen estas ideas peligrosas.

Desde el altar de los estereotipos nos han dicho que los
hispanos somos traficantes. Yo propongo que lo seamos,
convirtámonos todos en con-
trabandistas de autoestima: mi
droga favorita. Tengo la semilla, los ingredientes y el mercado; yo mismo la planto, la riego
y la cosecho. Ella se multiplica
sola y siempre sobra. Es legal,
no hace daño, la puedo traer sin
ser perseguido, ayuda a otros,
es deliciosamente adictiva, te hace ganar almas y no añade tristeza. La paga es eterna y no se destruye en la tierra,
no causa resaca ni efectos secundarios, purifica el entorno
y potencia los talentos. La autoestima es la única sustan-
cia que, de convertirnos en adictos, acabaría con todas las
drogas.

La autoestima arranca las muecas y la ira, destruye la
sombra y dibuja sonrisas en ti y en los tuyos, corrige la química del cuerpo, altera la genética, da visión y enfoque, nos

**Si quieres
cambiar algo
debes comenzar
por cambiar lo
que crees.**

levanta ante las dudas y el conflicto. Contrabandear auto-estima cura, ayuda a discernir con sabiduría, te coloca en el centro de una balanza de paz y gozo, activa las endorfinas y, en su justa medida, nos hace más humanos.

Te invito a traficarla y a enviciarte, a condenarte, a vivir en el espíritu todos tus días. Alucinarás más que con cualquier químico y verás cosas que ningún narcótico podrá darte. Ve y sé un transgresor del bien y ganarás mucho más de lo que se obtiene con el mal. Aunque debas superar desafíos, cambios drásticos, promesas tardías, pruebas dolorosas, oraciones no contestadas, críticas injustas, tragedias y golpes inmereci-dos nunca dejes de hacer el bien.

No se puede volar junto a los que te despluman.

Existe una fórmula para alimentar la autoestima y para sembrarla en todos quienes te rodean. Para mí, la mejor manera de lograrlo es estar cerca de las personas que te nutren el alma.

Por lo regular nos quedamos donde nos enseñan a volar, no donde nos cortan las alas. Ahí radica la importancia de rodearnos de personas que valoren nuestros talentos, no de quienes desprecian lo que nos gusta de nosotros.

Tampoco cometamos la crueldad de menospreciar lo que otros valoran de su ser. Si amas a alguien, pero no soportas aquello que esa persona adora de sí, debes pre-guntarte dos cosas: primero, si realmente la amas; luego, debes comprender por qué eso que le resulta tan importan-te al otro te lastima tanto a ti.

Vivimos en un mundo plagado de absurdos dolores, gobiernos corruptos, violencia política, economías débiles y culturas empobrecedoras. Aun así, hay algo peor que nos carcome, algo que ha anidado en nuestros corazones: avaricia, venganza, orgullo, envidia y soberbia son el epicentro del terremoto que nos sepultó bajo sus escombros. Si seguimos así, seremos recordados como la generación de la confusión, una generación insolente y sin mayordomía.

**Por encima de los que corren están los que vuelan.
Por encima de los que vuelan, están los que curan las alas rotas.**

Hay algo trágico y profano en el estado actual de nuestros corazones; hemos cegado nuestra mente y descuidado lo bellos que somos por dentro (y hasta por fuera); nos equivocamos al decir que hay que sacar nuestro lado humano, solo debemos recordar que lo tenemos.

Las distracciones de la cotidianidad desvían nuestra atención de la inigualable belleza que nos rodea y del inmenso potencial que atesoramos. Ya no miramos, no observamos, solo vemos sin saber qué somos. Percibimos sin sentir, vivimos sin sentirnos vivos.

Queremos mostrar, enseñar, buscar la respuesta, pero las respuestas somos nosotros, y lo hemos olvidado. Si caemos en la seducción de lo superfluo no seremos tierra fértil; en un suelo como ese no puede germinar la autoestima.

LA ENVIDIA

SIEMPRE

QUIERE DESTRUIR

LO QUE SABE QUE

NO ES SUYO.

Los latinoamericanos nos hemos convertido en una gran contradicción porque al mismo tiempo en que nos levantamos a la 4:30 a. m. y mostramos una voluntad inmarcesible, nos encontramos alejados de la realidad, nos adormecemos en ocasiones, y nunca apostamos por nosotros mismos.

Ahora sabemos todo menos ser felices.

Nunca te detengas aunque en tus hombros hayan puesto varias veces el peso de tu cuerpo multiplicado, porque jamás lograrán que pese ni una milésima parte de lo que pesa tu alma. No permitas que la envidia confisque tu cargamento.

La envidia destruye la autoestima a su paso, por ello hay que erradicarla.

LOS ENVIDIOSOS

—Daniel, ¿no será que te crees mucho? —me preguntó de repente.

—¿No será, más bien, que piensas que me creo mucho porque tú te crees muy poco? —le respondí.

Tú éxito será la derrota de un mediocre, no les pares bolas. La mayor evidencia de esto está colgada en los comentarios de las redes sociales. Tanta amargura espanta. Es un constante «nosotros contra ellos». Hemos evidenciado que en nuestro continente es más fácil unir a la gente en contra de algo que a favor de algo.

Juzgar nos convierte en la destrucción de nuestro propio raciocinio. No se puede sembrar autoestima a través de la crítica indiscriminada. Leo a cientos de personas que debaten con agresividad, insultos y sarcasmos como únicos argumentos. Hay quienes no se entregan con posiciones definidas ni con hechos. Rehúyen la discusión constructiva y se refugian en el ataque y el descrédito.

Gustan de las balas perdidas, pero no quieren participar en el fuego cruzado. Atribuyen sentido a tus palabras de acuerdo con sus prejuicios. Ya he sido cuestionado cientos de miles de veces, ya sea por mi fe, mi pasión, mi

Si te caigo mal y no me conoces, prometo esforzarme para no defraudarte.

manera de vestir, de escribir, de hablar, de tomarme fotos, por el sitio donde ceno, por las marcas que compro; por mi manera de amar, de servir y por mi intensidad. Unos dicen que sobreactúo, que uso frases altisonantes, ¿y del contenido?, ni hablan. Es increíble que nos apasionemos tanto por aquello que no apoyamos.

Hay quienes odian una serie de televisión y comentan cada episodio, cada escena. La ven solo para destruirla, hacen algo que no les gusta solo para expresar reprobación. ¿Qué clase de incongruencia es esa? Visitan más la cuenta de la persona que detestan que la casa de sus padres.

> **Cada cual usa la prenda que le queda mientras no le apriete el ego.**

En una sociedad llena de una autoestima equilibrada, la envidia está demás. Solo una persona que no se aprecia a sí misma puede sentarse en el sofá a lanzar dardos: «Se operó y por eso es exitosa», «se acostó con tal persona, y por eso lo logró», «ese premio está arreglado», «es un hijito de papá».

¿Has hecho estos comentarios? No me digas, resérvate la respuesta, pero de ser así, revisa qué te llevó a hacerlo. ¿Por qué enfocarte tanto en otro si aún queda espacio por avanzar en ti?

—Daniel, me gusta tu trabajo, pero ¿cuánto tiempo más crees que dure esta modita de los conferencistas motivacionales? —me dijo sin perder la sonrisa.

—Querido, los envidiosos siguen de moda después de muchos siglos. Haz el cálculo.

Y ya la sonrisa no estaba.

Hace 40 años no se podía decir nada, ahora se puede decir de todo. Pero hoy es mejor quedarse callado. Cientos de genios se han pasmado por temor a ser atacados; es tal la hostilidad de pensamiento que ahora todos usan el pretexto de la relatividad de la perspectiva. Puedes tener una perspectiva distinta a la mía, pero la diferencia radica en que lo verás todo desde otro ángulo. Lo que ves no modifica lo que miras. Aunque pienses que la luna es de queso, eso no

La boca que te juzga jamás será más grande que la gracia que te respalda.

significa que te la puedas comer; podrás pasar toda la vida creyendo que eres un caballo, pero el día que mueras el acta llevará tu nombre.

Yo no puedo ver tus pensamientos, pero no por eso los puedo negar. Ten mucho cuidado con lo que sale de tu boca porque no regresa jamás. Si escupes veneno un día te lo beberás. Y si te han juzgado, si te han señalado y criticado, vas por buen camino.

¿Por qué criticar a alguien que está persiguiendo sus sueños? Son sus sueños, no los tuyos.

Si los sueños de otro te opacan quizás los tuyos no brillen lo suficiente.

No podemos ser traficantes de autoestima si nos dedicamos a la confiscación de sueños. La envidia nace sin lógica ni justificación, pero sobre todo nace en un alma estéril que no confía en sus talentos.

—Cómo ha cambiado, ¿no?
—Más bien creo que se cansó de fingir, ¿no?

Deja de juzgar y de ocultar tus talentos. Súmate al tráfico de autoestima.

Capítulo 3

De la piel hacia adentro

Tu deber no consiste en alcanzar el éxito,
sino en hacer lo correcto.
Cuando lo hayas hecho,
el resto le pertenece a Dios.

C. S. Lewis

A estas alturas ya eres un traficante, y si cometes el crimen de llevar autoestima allí donde no hay, notarás un cambio en las personas que te rodean. Sentirás el efecto de ese estimulante y de cómo hace de las suyas en aquellos que no se atrevían a ver dentro de sí.

Cuando las personas creen en su potencial y tienen una autoestima equilibrada que no los hiere —ni a quienes les rodean—, el éxito se convierte en la única posibilidad. No obstante, para lograrlo se requiere mucho más que solo talento, son indispensables tres grandes componentes adicionales. El primero de estos consiste en una furiosa disciplina y en la aplicación de herramientas necesarias —de lo cual hablaremos unos capítulos más adelante—; el segundo aspecto radica en saber qué es el éxito para nosotros, cómo podemos comprenderlo y qué debemos hacer para asegurarnos de que estamos en el camino correcto. La plenitud espiritual es el ingrediente final, porque sin eso no hay éxito, ni posible ni sostenible.

Te preguntarás por qué es tan importante definir el éxito. La razón es muy sencilla, y es que hay mucha gente que dice querer ser *exitosa*, cuando lo que en realidad desean es ser *famosas*. Los reflectores nos deslumbran por completo. Hemos creído que mientras sintamos el fulgor del *flash* en el rostro y el estallido del *click* en el ego andamos por el camino correcto. La avidez nos ha hecho olvidar la misión.

La codicia no solo crece en los bolsillos, también se esparce como maleza en nuestros corazones. Cada día necesitamos más y más reconocimiento sin que sepamos realmente para qué lo queremos. Hemos olvidado para qué nacemos, hemos abandonado por completo el propósito de nuestros sueños.

En mi andar diario conozco cada vez más personas de diferentes lugares que comparten una ambición: pretenden el éxito sin aguardar el fracaso. Son gente que quiere la

-Daniel Habif
escribirlas con hechos.
sobre el éxito. Es tiempo de
Basta de repetir frases bonitas

-Daniel Habif
escribirlas con hechos.
sobre el éxito. Es tiempo de
Basta de repetir frases bonitas

-Daniel Habif
escribirlas con hechos.
sobre el éxito. Es tiempo de
Basta de repetir frases bonitas

Basta de repetir frases bonitas
sobre el éxito. Es tiempo de
escribirlas con hechos.
-Daniel Habif

Basta de repetir frases bonitas
sobre el éxito. Es tiempo de
escribirlas con hechos.
-Daniel Habif

Basta de repetir frases bonitas
sobre el éxito. Es tiempo de
escribirlas con hechos.
-Daniel Habif

Basta de repetir frases bonitas
sobre el éxito. Es tiempo de
escribirlas con hechos.
-Daniel Habif

vida sin vivirla, la cosecha sin siembra, la victoria sin batallas. Quieren utilidad, pero sin generar ventas; ventas, sin estrategia; estrategia, sin conocer a los clientes; clientes, sin recursos para atenderlos; recursos, sin darles las herramientas y herramientas, sin pagar por ellas.

Queremos construir un mundo gigantesco, pero no estamos dispuestos a colocar ni un minúsculo ladrillo.

Hay personas que quieren obtener un título sin estudiar, dan más valor a un diploma en la pared que al conocimiento en sus cabezas. Estamos tan obsesionados con la velocidad, que lo que nos interesa es generar dinero y hemos dejado de lado la preparación de la vida, que consta de dos dimensiones: la preparación humana y la profesional.

Por lo regular admiramos aquello que no tenemos. Solemos desear desde una perspectiva hueca considerando que nuestras carencias son más grandes que nuestra plenitud. Sin duda en el deseo inicia la marcha para conseguir un sueño o una meta, es la chispa hacia la prosperidad o el ensanchamiento de nuestros sembradíos. Pero debemos acomodar este deseo con sabiduría; primero necesitamos hacer un conteo real y objetivo de nuestros talentos y dones, conocer dónde estamos parados. De esta manera podremos trazar una estrategia con puntos y comas, y estaremos listos para la improvisación necesaria que exige la incertidumbre del emprendimiento.

Desde el capítulo anterior venimos enfatizando que debemos aprender a detectar la envidia, y sobre todo a erradicarla. Es necesario analizarnos con honestidad, ya que esta es una de las emociones irracionales del ser humano; no es tu culpa si este sentimiento estalla en ti, pero lo será si lo albergas en tu corazón y dejas que domine tus acciones.

Si tienes miedo a la soledad no busques el éxito.

No es lo mismo admirar a una persona e inspirarse en ella, que anhelar lo que esa persona tiene. Existe una línea, casi invisible, que separa estos dos caminos, y el desenlace de cada uno de ellos es abismalmente diferente. Para saber si admiramos a alguien o anhelamos lo que posee, debemos mirarnos a nosotros mismos con aguda franqueza, pero llenos de amor. Observemos lo que somos y lo que tenemos. Una vez hecho esto, pongamos en una perspectiva lejana a la persona que admiramos. ¿Acaso creemos que su vida es mejor que la nuestra porque está llena de adornos?

Debemos determinar con crudeza si queremos esas cosas, pero, sobre todo, si en verdad las necesitamos. ¿Nuestra idea del éxito luce como lo que ha logrado esa persona? ¿Estamos dispuestos a pagar el precio que conlleva? ¿Seremos felices una vez que lo alcancemos? Y cuando lleguemos, ¿tendremos algo que ofrecer a los demás?

Muchos dicen querer la verdad, pero son muy pocos los que están preparados para afrontarla. «Porque donde esté tu tesoro, allí estará también tu corazón» (Mateo 6:21), afirma la Escritura. Por último, no dependas de los talentos y los dones de otros, no te desfigures y jamás te compares. Quizás en lo que creas que es tu mayor virtud, otro encuentre su desventaja, o viceversa: puede que lo que muchos consideren como una desventaja sea tu mayor virtud.

Debes tener mucha claridad cuando defines el éxito; este debe parecerse más a un lugar al que llevas a otros, que a un sitio al que llegamos solos. Por cierto, para tener éxito no necesitas una cintura más estrecha, una ropa más cara, un auto más lujoso, ni una casa más grande. Estos solo son símbolos de poder y, como tales, no forman parte de tu identidad —aunque no voy a negar que tienen mucho impacto en nuestra sociedad—. Los autos, la ropa de marca y los restaurantes en boga no son más que juguetes, y yo no tengo problemas con los juguetes, siempre que seas tú quien juegue con ellos y no al revés. Si estos juguetes son los que se divierten contigo, estás allí para parecer ser.

> **Si te falta algo de la piel hacia afuera, búscalo de la piel hacia dentro.**

Ya he escrito mucho, ahora te toca a ti: en el espacio que encontrarás más adelante quiero que dibujes tu éxito. Sí, así como lo lees.

En la parte superior hay dos recuadros. En el grande pondrás un título a tu éxito, y en el otro, el tiempo que te tomará llegar allí.

Cierra los ojos; en serio, ciérralos. Ya va... mejor ciérralos cuando hayas leído.

Cuando lo hagas, imagina que vives la vida que quieres. Visita esa imagen como si aterrizaras en una ciudad que siempre quisiste conocer: aprecia desde la ventanilla los contornos y los paisajes que la rodean; a medida que el avión se aproxima distingues sus parques y avenidas, y al tocar tierra ya verás una por una las maravillas que ansías contemplar.

Dibuja tu éxito con precisión quirúrgica, describe cómo es tu casa y cuántas habitaciones tiene, qué produce tu empresa y cuántos empleados forman su nómina, cómo son tus canciones y cuántos premios Grammy has ganado. Esto aplica para todos tus anhelos.

Por último, no te imagines un futuro sin sentido para ti. Yo también quisiera anotar el gol para ganar el Mundial; puedo fantasear con ello, pero ser futbolista no es por lo que lucho. Debes imaginar tus logros con claridad y consistencia, necesitas firmeza al determinar por qué y para qué deseas estas cosas en tu vida. Es como si compraras un vehículo; no llegas a la agencia y le dices al vendedor: «Dame un coche»: cuando entras sabes qué modelo quieres. Lo mismo debe suceder con tus sueños.

No minimices hacer lo que te llena, no todos los sueños tienen por qué llevarte a la fama. No todos tienen por qué implicar una visión grandilocuente.

Describe los sentimientos que recorren tu cuerpo, ¿qué haces?, ¿qué olores percibes?, ¿cómo suena? Haz el ejercicio

Tu sueño

¿Qué diferencias hay entre esa persona que viste y quien eres hoy?

¿Estabas disfrutando más el momento o el entorno y los juguetes?

¿Te acompañaba la gente que amas, personas que tú admiras o desconocidos?

¿Hacia quiénes sentías agradecimiento? ¿Está Dios entre ellos?

Una vez allí, ¿podías ayudar a otros? ¿Lo hacías?

¿Eras feliz?

¿Qué talentos te llevaron allí?

¿Quiénes te acompañaron?

¿Cuáles tropiezos tuviste que enfrentar?

¿A qué renunciaste para lograrlo?

¿A quién dejaste atrás?

¿Cuál fue el primer paso, cuándo lo diste y qué sucedió para que finalmente lo hicieras?

¿Fuiste feliz en el camino?

Coloca tus respuestas aquí

Coloca tus respuestas aquí

Tu sueño

¿Esto que voy a hacer me traerá paz y gozo? _____

¿Esto me acerca a mi propósito de vida? _____

¿Esto que tanto deseo sirve a los demás? _____

con calma y sin distracciones. Ambos sabemos que los logros requieren procesos, no suceden de un día para otro, pero imagina que ese día ya ha llegado.

Hazlo sin desdeñar el poder de la imaginación, usarla es más que una práctica ingenua, hay muchos estudios y experiencias que avalan sus beneficios prácticos.

Estás aquí porque decidiste hacer estos ejercicios con esmero. Cuando hayas abierto los ojos con la visión de cómo será ese día, escribe en el centro de la hoja lo que más te ha llamado la atención. Al finalizar, asegúrate de haber respondido qué hacías, quién te acompañaba, en qué lugar del mundo sucedía, cómo era tu actitud y si llevabas *juguetes*.

A la izquierda del cuadro, encontrarás una flecha bajo la cual listarás lo que sucedió desde hoy hasta que llegue ese día. Conéctate con tu visión y responde:

- ¿Qué talentos te llevaron allí?
- ¿Quiénes te acompañaron?
- ¿Cuáles tropiezos enfrentaste?
- ¿A qué renunciaste para lograrlo?
- ¿A quién dejaste atrás?
- ¿Cuál fue el primer paso, cuándo lo diste y qué sucedió para que finalmente lo hicieras?
- ¿Fuiste feliz en el camino? Insisto: ¿Fuiste feliz en el camino?

A la derecha, en la otra flecha, te enfocarás en la persona que eras en tu visión:

- ¿Qué diferencias hay entre esa persona que viste y quien eres hoy?
- ¿Disfrutabas más el momento o el entorno y los juguetes?
- ¿Te acompañaba la gente que amas, personas que tú admiras o desconocidos?
- ¿Hacia quiénes sentías agradecimiento? ¿Está Dios entre ellos?
- Una vez allí ¿podías ayudar a otros? ¿Lo hacías?
- ¿Eras feliz?

Ahora respóndete: ¿quieres el éxito o solo sus placeres?

La definición del centro te dirá qué anhelas. Las respuestas de la izquierda revelarán el precio que pagarás. Lo que escribas a la derecha te hará saber si lo que quieres es el éxito o los juguetes, la nuez o la cáscara, la satisfacción o la vanidad.

Si tu definición de éxito es convertirte en una gran bailarina y en tu visión no bailabas, sino que conducías un Ferrari; si concibes el éxito como ser un gran empresario y en tu visión te balanceabas entre dos palmeras en lugar de liderar a tu equipo. ¿Crees que has definido la visión correcta?

Muchos dicen: «Si yo tuviera…, sería tal», «Si yo viviera ahí, sería diferente»; si después de hacerte estas preguntas concluyes que realmente lo necesitas, entonces el siguiente paso es saber cuándo y para qué lo vas a usar. Cuando tengas esas respuestas digeridas, y por escrito, vienen las preguntas decisivas:

- ¿Esto que haré me traerá paz y gozo?
- ¿Esto me acerca a mi propósito de vida?
- ¿Esto que tanto deseo sirve a los demás?

Si estas respuestas son positivas, ya tienes una gran parte de la estrategia mental y emocional que necesitas para iniciar el avance hacia tu meta. De lo contrario, quizás necesites reconsiderar tu definición del éxito.

No te asustes si te aterran tus respuestas.

Los inquebrantables viven para ser, no para parecer. Una de las cosas que no entiendo es cuando alguien antepone lo externo y luego se justifica y dice: «Es que todos lo hacen», como si lo que hicieran los demás definiera una verdad absoluta. Olvidamos que lo establecido le hace más daño al mundo que el propio cáncer, porque destruye la vida y nos hace vegetar en la estrecha caja de la conformidad. Creer que lo que la mayoría hace es lo bueno por definición es como pensar que la mierda es deliciosa solo porque todas las moscas la comen: no porque un millón de moscas la comen, la mierda sabe rica.

Hay caminos que te llevan al éxito, pero solo uno te lleva a tu propósito.

No comparto eso de «si parece, sí; si no parece, no». Gandhi no parecía un superhéroe, y lo era. Los Beatles no parecían superestrellas y fueron las grandes superestrellas.

¿Y Jesús? Él parecía carpintero y es el Rey de reyes.

Es que la mayoría está en el negocio de *parecer ser*. Si no parece, no es: si parece artista, es; si parece ingeniero,

EL ÉXITO
SIN GRATITUD
SATISFARÁ TU HAMBRE
PERO JAMÁS
TU CORAZÓN.

es. No se puede sostener algo vano durante toda la vida, porque tarde o temprano se le verán los hilos.

Hay quienes se limitan a seguir una tendencia, otros la crean: estos últimos son los inquebrantables.

Esta no es una posición provocadora, la rebeldía sin propósito es pura hipocresía. Yo creo en la revolución individual de la mente, del alma, del espíritu: las herramientas más poderosas de la especie humana. La creatividad y la innovación son la mayor evidencia de que somos seres infinitos, son tus diminutas expectativas las que le cortan las alas a tus pensamientos, las que los encierran en una jaula de dos por dos.

Ideas redondas no caben en mentes cuadradas.

No hay ideas estúpidas, solo es cuestión de tiempo para que lo que ayer era considerado un disparate, mañana sea aplaudido como una genialidad. Habrá miles de personas que te van a decir que estás demente, que deliras, te acusarán de ignorante, de inocente, de incapaz.

Si crees en tu idea, mantente firme. Obviamente, para lograrlo necesitarás estrategia, herramientas, preparación, disciplina y constancia. Pero si permites que muera con cada bala que le disparan, llegará otra persona que tome sus despojos y construya con ellos lo que tú no fuiste capaz de edificar. No importa que haya nacido en tu mente, solo quien tenga la resistencia y el tesón para superar el conflicto y mantenerse en el curso podrá clavarla en el norte.

SE REIRÁN DE TI

Muchos quieren comerse el mundo, pero se rinden a la primera mordida que este les devuelve. Todos quieren ser exitosos hasta que se percatan de que serán traicionados, criticados, señalados y crucificados; y es que señalar, criticar, opinar y juzgar es fácil. Lo difícil es dar el ejemplo.

Muchos permanecerán mientras no representes una amenaza ni intentes superarlos. Otros querrán correr a tu lado sin poder seguir tu ritmo; pronto se cansarán e intentarán detenerte. La gente perdona todo menos el éxito.

Se reirán de ti, hablarán de ti y harán un listado de tus *fracasos* y de los argumentos bajo los cuales no deberías soñar con algo. Verterán su veneno en las aceras de las pisadas perdidas, lo gritarán a los oídos sedientos de venganza, pero mientras

> **El verdadero éxito es morir cumpliendo tu propósito.**

hablen, tus hechos los aplastarán, y aunque no lo digan en voz alta, no les quedará otro remedio que aceptar que te arriesgaste a lo que ellos no, que nunca te saliste del sendero que Dios surcó en la roca para ti.

Los inquebrantables saben vivir en conflicto sin perder la paz, encauzan el rechazo y la burla, dispuestos a perderlo todo sin claudicar. En el afán del esmero sin serenidad, en la injusticia del estrés y en la confusión se desordenan las prioridades. Puedes dedicar cada segundo de tu existencia a morir con dignidad, no siempre serás protagonista, hay momentos para estar en la luz y otros para ampararse en la sombra.

No etiquetes tu vida hasta que llegue el momento de tallar tu lápida. Goza la adversidad y date cuenta del poder que tiene para despertar talentos que permanecen dormidos en la comodidad. Emociónate ante los retos y disfruta las tormentas, porque lo que no te reta tampoco te transforma.

Interpreta con maestría el papel que debes asumir, sé la estrella sobre la cual rebotan los reflectores o el último nombre en los créditos, pero nunca te permitas ser mediocre.

Erradica la mediocridad de todos los ámbitos, esto incluye limitar tu relación con los mediocres en todas sus variantes: criticones, miedosos, negativos, indolentes, cobardes, necios, infieles, dogmáticos, rencorosos, amargados, abusivos e impuntuales.

Equivócate por atrevido, no por precavido.

Cada uno de esos vicios es contagioso. No digo que borres sus contactos de tu teléfono ni que les niegues una conversación, solo te pido que reduzcas la convivencia y el peso que das en tu vida a aquello que no te bendice, ni te suma, ni abona tus cultivos. Muchas veces nos mimetizamos con lo que nos rodea, y al voltear percibimos que estamos a bordo de su mismo barco errático. Solo tienes dos opciones para llegar a puerto: los bajas y tomas el timón, o saltas por la borda y llegas nadando.

Si te juntas con quienes no comprenden tu propósito, es posible que tú tampoco lo entiendas.

Capítulo 4

Equívócate más

*El éxito es tambalearse de fracaso en
fracaso sin perder el entusiasmo.*

Winston Churchill

V enimos de hablar del éxito. Lo hemos definido y esta-
blecimos la frontera entre tus deseos y tu propósito.
Vimos que la fórmula tiene muchos ingredientes, dos
de ellos son fundamentales: el primero es la fe y el segundo
lo que llamamos «fracaso».

Quizás te parezca extraño que dediquemos un capítulo
al fracaso en un libro cuya meta es ayudar a las personas a
lograr su potencial, pero es que los inquebrantables estamos hechos a golpes; que no nos quebremos no significa

Una mala actitud en los éxitos es el peor de los fracasos, pero una buena actitud en los fracasos es el mayor de los éxitos.

que no nos caigamos, y menos aún que no nos duela.

No existen personas exitosas que no provengan del *fracaso* porque es ahí donde se define nuestro destino. Yo no puedo asegurar que tendré éxito en lo que emprenda, pero sí puedo garantizar que antes de tenerlo habré recogido varios reveses.

Antes de reinar comerás polvo. Antes de que te paguen mucho, tendrás que hacer mucho más de lo que te pagan por menos de lo que valen tus talentos. Antes de vender tu arte, serás vendido por tus amigos. Antes de amar, serás traicionado. Antes de que te descubras, andarás perdido. Antes de recibir un beso, recibirás un puñal en el pecho. Antes de ser oasis, serás un desierto. Antes de ser trueno, serás solo lluvia, y antes de sentirte vivo, te sentirás muerto. Antes de conocer a Dios, conocerás el mal. Antes de ser grande, serás el más pequeño de tu tribu. Antes de ser todo, vivirás con nada.

Antes de amar tus sueños, aprende a amar tus heridas. Antes de rugir, temerás en la oscura selva. Antes de volar, caminarás con los que se arrastran, porque para que una estrella nazca, primero debe explotar. Sin implosión no hay luz, sin quebrantamiento no hay sabiduría. La sonrisa más bella es la

Cambia el **no**
por el **quizás**.

que más sufrió, la que explota por dentro, kamikaze de la vida.

Haz explotar a los que aún no han sido enterrados, pero andan por allí ya muertos.

El reto no es evitar el «fracaso», el reto es levantarte. Los verdaderos exitosos no claudican, no se dan tregua; los exitosos son aquellos a quienes les quiebras una pata y se recuperan, les quiebras la otra y se vuelven a parar. El fracaso no existe, lo que existe es la idea de sentirse fracasado. Ese sentimiento se instala en tu mente solo cuando tú se lo permites. Es por ello que yo no le llamo «fracaso», sino *inventario de experiencias*. Está permitido equivocarse, pero no repitas tus errores, levántate, despójate del miedo, no dudes, no te dobles ante el rechazo. No intentes complacer a todo el mundo; si solo quieres complacer a los demás, te estás rechazando a ti.

Hay quienes se dan por vencidos sin que nadie se los haya pedido.

Cuando chocas repetidamente con la *sensación de fracaso*, supones que tus esfuerzos son inútiles y terminas por rendirte ante el desánimo, crees que no vale la pena intentarlo una vez más. Esa conjetura la aplicamos a todo —negocios, relaciones, proyectos—, pero es justo en los momentos en que tropezamos con ella que debemos detenernos y volver a intentarlo con sabiduría.

El temor al fracaso es uno de los peores miedos que existen, porque nos impide recibir la plétora de dichas que una caída nos puede ofrecer. Sin ella es imposible llegar a nuestro destino porque solo se cae quien avanza. Si tienes el valor de perseguir tus sueños, te aseguro que caerás. Cuando eso suceda, reincorpórate, pero al estar en el suelo, aprecia los tonos del asfalto y el frío del concreto. Ora: al ponerte de rodillas asumes la más efectiva posición de combate.

Si estoy en el suelo, es más fácil ponerme de rodillas.

¡Levántate!, deja de vivir en el mañana, ese lugar que asesina tus sueños. El mañana solo se alcanza si haces las cosas hoy.

Errar te da la oportunidad de propulsarte, pero tú debes ser la catapulta. Tienes dos opciones: quedarte en el suelo, o aprovechar que tienes la base más firme para tomar impulso.

Sé que al decirlo suena condenadamente sencillo decirlo. Sé que dirás que es muy fácil escribir esto desde la comodidad de mi casa. Pues, sí, se me hace fácil decirlo porque soy un experto en caídas, y aún más en levantarme. Me he caído tantas veces que estoy lleno de cicatrices, y he retornado tantas veces sonriendo que a veces pienso que se gastarán los dientes.

Ni siquiera a mí, que me he levantado en tantas oportunidades, se me hace fácil hacerlo. Es un proceso difícil del que he salido cada vez más fuerte. Debo admitir que en ocasiones he sentido que Dios me ha abandonado; con el tiempo logré comprender que en sobradas ocasiones Él guarda silencio para que no sintamos Su cobijo; así obró con Ezequías: le hizo creer que estaba solo para que su corazón revelara lo que tenía. Pero Dios no actuó así para descubrir qué había allí, sino para que Ezequías lo hiciera. El Señor toma distancia para que escudriñes en tu corazón; se aleja, pero jamás te abandona. Seamos valientes y atrevámonos a buscar allí donde hace tiempo no miramos.

Construye con tus labios lo que tus ojos quieren ver mañana, edifica con los hechos las promesas del *ahorita*. Nadie puede robarte tus sueños, pero si la capacidad de soñar.

Levántate, porque desde el suelo todo se ve más grande.

Échate al mar porque desde la barca solo sientes la brisa, no el poder de las olas. Si deseamos y queremos dirigir nuestra vida, debemos ejercer control total sobre nuestra fe. La *indefensión aprendida* es el título que la psicología da a las creencias que nos privan de nuestro poder personal, esas que destruyen nuestra habilidad para reaccionar ante lo que nos hiere.

Según como la abordes, la repetición te convierte en un necio o en un sabio. Intentar no es de tontos, intentar es de valientes. A los que están por tirar la toalla, que esperan el golpe letal, debemos decirles que necesitan volver a intentarlo, aunque crean que no servirá de nada.

La clave ante la *sensación de fracaso* es aprender, ajustar e insistir. Sácale tanto provecho como puedas a las caídas y asimila todo lo que estas te enseñan. No obstante, nunca te permitas derrumbarte. Debemos ayudar a otros a entender que no pueden abandonarse, porque si descuidan su cuerpo, dejarán de responder y si descuidan su espíritu, todo se desmoronará por dentro.

No es necesario un viaje al Tíbet, ni un encierro monástico para encontrarte: solo mírate al espejo, ahí estás. Jamás te has ido a ninguna parte, solo te has negado a reconocerte en ese reflejo y aceptar que eres tú.

Te has deformado y confundido, has creído que debes parecerte a esa cuenta de Instagram, a esa celebridad, o piensas que debes tener esas cosas para que los demás te admiren.

Aun sin nada, puedes soñarlo todo.

No existe respuesta detrás de los cantos chamánicos ni de la mordida del peyote. Es dentro de ti que bulle el poder que sostiene la armonía del universo. Guarda silencio y escucha con atención, dobla tus rodillas y quítate la armadura, baja la espada y toca el frío piso con tu frente. Consérvate sin nada, eres nada y lo eres todo.

Nada te esclaviza más que tus emociones y pensamientos contaminados. Te llevan a creer en una realidad que solo existe en tu cabeza. No dejes que el dinero y la ambición te roben la esperanza y el gozo.

¿Quién carajo te convenció de que debías mendigar? Eres mi sangre, soy el coautor de tu libro. Ya es tiempo de abrir los ojos del espíritu y vivir como verdaderos herederos del reino. No temas porque todo lo que pidas con fe se te dará. Mantente firme, no claudiques y pon un *quizás* donde ya habías puesto un *no*.

Escribe los nuevos *quizás* en tu vida y mira en lo profundo cómo te sientes, qué experimentas al abrir la luz a una mínima posibilidad.

Te pondré un ejemplo para que sigas tú:

~~No~~ Quizás *perdone a esa persona*

~~No~~ Quizás *inicie ese negocio*

~~No~~ Quizás _____

~~No~~ Quizás _____

~~No~~ Quizás _____

~~No~~ Quizás _____

~~No~~ Quizás _____

La intención de colocar un *quizás* en estas acciones es mover tu magia, engañar a la imposibilidad y reavivar la llama de la fe. Si te atreves a aferrarte a esta emoción y a alimentarla por pequeña y absurda que te parezca, te encaminarás a la salida del estancamiento y de la inercia de la vida.

Los *quizás* son maravillosos porque abren la puerta de la incertidumbre. Me encanta la incertidumbre, suele extraer de mí las mejores herramientas y le da cierta sazón a la vida, una que solo la expectativa del momento logra otorgar. A la gente le preocupa sugerir ideas estúpidas por lo que lleguen a pensar los demás. Las personas se miden por los riesgos que asumen porque su recompensa será del mismo tamaño. Haz que valga el riesgo y no la pena.

Quien toma riesgos se condena, inevitablemente, a transformar la historia de manera positiva. La mayor equivocación que existe es no intentar nada nuevo.

La mejor creatividad es la que responde a la pregunta: «No estoy loco, ¿verdad?». Las ideas paradójicas y absurdas son la

Solo los tontos creen que hay ideas tontas.

catapulta que te impulsa a lo inimaginable, a la verdadera innovación en el presente y a un mejor futuro. Sobre esto hablaremos con mayor profundidad más adelante.

No existen los errores del pasado ni del futuro, solo el error de no intentarlo ahora. Deja de ponerle precio a tu vida y añade valor a tu tiempo, porque este último no regresa jamás. Acertar siempre puede ser aburrido, considero que equivocarse es divertido cuando tratamos de crear e innovar, de romper la tendencia y las estadísticas.

En muchas ocasiones, acertar te cierra las posibilidades y te aleja de la expansión mental que te hace tener hambre de más. Olvidas el infinito universo que hay delante de ti, que aún no ha sido navegado y terminas por quedarte en el muelle viendo cómo otros surcan las olas de la innovación: busca equivocarte en algo nuevo, el error te hace creer más.

Es absurdo desconfiar de la creatividad y tenerle miedo a la innovación, la mayoría de los que se apegan al *statu quo* les temen profundamente a los cambios, porque estos amenazan la tradición y los rituales. El cambio es perder lo viejo por la aventura de lo nuevo.

Es bastante probable que encontremos algo incorrecto en lo nuevo, pero es un hecho que la vieja manera de hacer las cosas ya no funciona al ritmo actual. Te propongo un juego increíble de posibilidades infinitas, de imaginar y concebir nuevas estrategias para llevar un mensaje que impacte y transforme nuestra ya caduca manera de ver la vida, una nueva forma de dirigir compañías, de hacer negocios. ¿No te obsesiona imaginar que hay cosas que nadie ha pensado y las puedes crear tú?

Persigue esto como si fuera una liebre. No debemos tratar de resolver los nuevos desafíos con viejas ideas y armas caducas o terminaremos frustrados.

Necesitamos correr riesgos completos, aunque consigamos las cosas a medias. Tarde o temprano encontraremos la fuerza necesaria para completar la meta y encender la mecha de aquello que tanto buscábamos a oscuras.

Cuando pienso en mis planes me emociono; pero cuando pienso en los planes de Dios, ardo. El infinito es mi límite, y el límite no existe para mí porque la eternidad yace en mi ser.

Lo posible es mi juguete favorito.

EL HUBIERA SÍ EXISTE

Nuestra mente suele crear conexiones entre dos tipos de estructuras lógicas: «Esto se parece a eso» o «esto provoca aquello». A partir de estos dos procesos, somos capaces de generar opiniones, creencias y convicciones que terminan por controlar y dominar nuestra vida. Aquí aparecen los estereotipos, esos juicios culturales que evidencian la ceguera de la mente y el espíritu. Trascendamos los estereotipos, arranquémonos las gríngolas de la ignorancia, descabecemos la mediocridad, tengamos la capacidad de escuchar y abandonemos los juicios, aniquilando por completo los que hacemos a la ligera.

Démonos la oportunidad de ver de forma completa, global, desde todos los ángulos aprendamos a usar los zapatos de otros, cambiemos de sombreros, porque intercambiar ideas y cambiar de ideas es progresar.

Ensanchemos nuestra capacidad de leer el trasfondo, de superar lo obvio, de estar preparados para lo desconocido. ¿No te das cuenta de que el mundo es demasiado grande y tus pies demasiado pequeños como para quedarte en un mismo lugar toda la vida?

Yo sé que es tentador tener aseguradas un montón de posibilidades por delante, pero créeme, es aún más excitante observar el vértigo producido por la incertidumbre de no tener nada asegurado. Que no te dé miedo hablar con otros, conocerlos. Hablamos el mismo idioma, pero sonamos distinto al decir lo mismo. Por más difícil, lejano o complicado que parezca, la única manera de alcanzar la cima que has soñado es conquistándola con los pies.

Yo necesito el viaje como el adicto a su vicio, sé que tarde o temprano necesitaré aumentar la dosis, y espero que tú también. Muchos se aferran a lo que llaman hogar y no se atreven a dejarlo por el supuesto calor o seguridad que este les genera. Pero la realidad es que solo tú posees la capacidad de convertir una cueva en un cuarto para dos y un cuarto para dos en tu verdadero hogar.

Si sueñas con emprender un negocio debes saber que necesitarás prepararte para una travesía, una verdadera aventura, no para un viajecito de turista.

Quiero recordarte que el *hubiera sí existe*, y existe para atormentarte —más adelante veremos que sí—. Lo peor que pudieras hacer en este momento es quedarte en tu silla soñando, suspirando por eso que no ocurrirá. Hasta que no pongas los pies en el suelo y comiences a sudar, no existirá ninguna posibilidad de que hagas realidad lo que quieres. Ver un mapa no te hace sentir el frío de las montañas.

Desmantela los estereotipos de tu mente con los pies. Viaja, pisa, conquista. Vive y ve más allá.

¿Capisci?

Capítulo 5

Asalta el tren

*Ver cómo alguien lucha incansablemente
por sus sueños puede ser devastador
para aquellos que han pasado su vida
intentando demostrar por qué no
lo han logrado.*

Jen Sincero

Una vez que ayudes a alguien a levantarse, debes ponerlo nuevamente en el camino que lo llevará a ser inquebrantable, mostrarle las oportunidades; aprovecharlas es la mejor forma de librarse de la *sensación de fracaso*.

El momento perfecto no existe, es una mentira, una ilusión arraigada en el tiempo, en el viento, en el temor y en el miedo. Existen oportunidades que solo vendrán una vez en tu vida, son únicas y exclusivas para ti, luego las cosas ya no serán como antes. Las dejaste pasar, las miraste, pero no las defendiste, estas pueden llegar escondidas en misterios que solo son revelados a la luz de la sabiduría, se toman únicamente cuando, además de preparados, estamos dispuestos.

En esta vida es más importante estar dispuesto que estar preparado.

Lánzate, sin prisa, pero sin pausa. Sigue corriendo para que el final te sorprenda agotado, cantando, adolorida, rasgado, golpeada, pero inquebrantable.

Grita por los montes y por las playas: «Corrí riesgos, enfrenté temores, avancé, emprendí, soñé, visioné esta vida, volé y caí».

¡Lánzate! Nada puede detener a quien no se da por vencido, y si te llenas de temor en algún punto del trayecto, sabrás que vas por buen camino. El miedo es la señal de que valdrá la pena. Como ya he dicho, habrá pequeñas dosis de temor que te vacunen ante la vida, pero que este no invada tu mente ni comience a hollar tu espíritu para meterlo en una jaula, sino que sea el impulso que te lance como un guerrero que descarga su fiereza en la batalla.

Un día tus heridas serán curadas y recibirás la corona digna de tu fe. Ya has leído las palabras de tus días venideros, lo que necesitas es ponerlas en acción. Lo demás ya vendrá.

EL DÍA
EN QUE PERDÍ
LA VERGÜENZA
DEJÉ DE PERDER
LA OPORTUNIDAD.

No vas a recibir nada que no estés dispuesto a buscar, a salir a alcanzar por tu propia cuenta. Hay personas que esperan prosperidad, finanzas y empleo, creen que todo lo que deben hacer es orar. Pero la oración no solo es útil para pedir, está a nuestra disposición principalmente para adquirir las fuerzas que necesitamos para ir a buscar y salir a alcanzar por nuestra mano.

De poco nos sirve la oración sin acción: primero pide, luego busca, y entonces llama.

Vivimos una vida Polaroid, queremos todo al instante, y con esa inmediatez vemos la oración. En innumerables ocasiones doblar las rodillas produce resultados inmediatos, pero en otras no sucede así. Lo único seguro es que la oración es el arma más poderosa que existe en el universo, y que las plegarias de un hijo fiel siempre serán escuchadas.

Para aprender a orar no hay como viajar con turbulencias.

Busca oportunidades, no esperes que una puerta se abra si no la has tocado. No basta con un solo paso para recibir los resultados que has estado esperando.

Las ocasiones son un tren que suele pasar de madrugada, sí, mientras estás durmiendo porque piensas que es hora de descansar. Ese tren pasa muy rápido y por lo regular no hace paradas.

Casi todos lo ven pasar, pero no se suben. No lo hacen porque para subirse hay que pagar un boleto. Es que queremos la oportunidad sin pagar el precio. Por el contrario, los inquebrantables lo abordan sin importar si están lo suficientemente entrenados; en cuanto lo ven se suben, solo lo hacen; no miran los vagones mientras pasan uno tras otro, no titubean: «me subo», «no me subo», ni se preguntan: «¿estará bien?», «¿estará padre?», «¿me sentiré cómodo?», ¿será este el tren que siempre he esperado?». ¡No!, los inquebrantables no piensan en nada que los pueda detener: lo escuchan venir a kilómetros, se preparan, comienzan a sudar, lo divisan, miden distancia y velocidad, y cuando pasa delante de ellos, no lo dudan: ¡BAM! Se suben.

¿Y qué pasa con los que están allá arriba?, ¿qué pasa con quienes ya habían abordado el tren?, pues, comienzan a golpearlos en la cara y a darles puntapiés, a lanzarles insultos y críticas. Pero a los inquebrantables les importa un pepino lo que digan, no les importan las burlas ni los raspones si se encuentran frente a su destino, porque siempre se han esforzado; simplemente sacan los colmillos, sacan las uñas, se aferran al acero del vagón, y cuando están arriba, lo transforman y comienzan a organizar las cosas.

¿Sabes por qué?, porque ellos desconocen si allí viaja el amor de su vida, o los inversionistas que necesitaban conocer. Ignoran si en ese trayecto concebirán la empresa que soñaron, si arriba está el nuevo empleo, la nueva casa, la familia que siempre quisieron. No lo saben, solo subieron, sin importar lo que decían sus padres, su pareja, su primo, el vecino; no prestaron atención a aquellos quienes dijeron que no lo lograrían. Y allí están, con raspones, sudorosos, llenos de cicatrices y ensangrentados, pero a bordo.

Toda la gente que iba arriba de traje y corbata voltea a verlos, y ellos solo se adornan con su sonrisa y de frente les dicen: «Me subí, no importa lo que decías, no importa lo que pensaba allá abajo, yo estoy arriba».

Cuando lo ven alejarse es que aquellos que se quedan en el andén comprueban que ese sí era su tren, y justo cuando ven el último vagón perderse de vista, se lamentan: «ese era mi tren». Estos son los que piensan que el *hubiera no existe*, pero sí, es real, como ya lo vimos en el capítulo anterior. Es un espectro que aparece para atormentarte durante toda tu vida. Un fantasma que te perseguirá cuando tengas 35, 45, 55 años, cuando estés en la comodidad de tu casa y digas: «¿Qué hubiera pasado si…?», «¿qué hubiera sido si…?»; estará allí cuando hables con tus nietos y les digas: «Casi lo logro», «yo iba a ser un gran futbolista», «tenía potencial para ser la mejor cantante», «casi fui una gran arquitecta», «hubiera podido ser el más laureado poeta», «pude ser la más destacada astrónoma», «pude convertirme el más atrevido matemático», «casi llego a la luna, casi lo hago, pero cuando pasó mi tren, lo dudé y nunca subí».

Ese fantasma te perseguirá hasta el día que decidas abordar el próximo tren, o será él quien talle en tu epitafio: «Aquí yace el señor *Casi lo Logro*», o «la señora *Si Hubiera Sido*». La vida pertenece a quienes insisten, a los que no se rinden, a aquellos que se atreven. Deja de ser un *casi*.

Todos aquellos que se repiten: «Cuando junte un millón haré mi primer negocio», «cuando pague el carro tendré mi primer hijo», «cuando culmine mi doctorado y mi triple maestría escribiré un libro», deben saber que la oportunidad se les va, porque mientras ellos se preparan, un dispuesto se las arrebata.

Los inquebrantables saben lo que tienen y lo que necesitan para lograr sus metas, comprenden que su arsenal precisa mucho más que recursos económicos o materiales, que su fortaleza reside en el poder de sus emociones y actitudes. Utilizan la adrenalina que el cuerpo les regala y cabalgan sobre ella; saben que nada supera la constancia, la firmeza y la grandeza de su espíritu. Ni los talentos, ni el dinero, ni los títulos ni el poder los ciegan, no se ven como perdedores con doctorado, ni como ricos miserables.

Si esperas el momento perfecto, descubrirás que pasó justo cuando decidiste esperarlo.

Quiero asegurarme de que la razón por la que no aprovechas las oportunidades es la falta de recursos: escoge tres metas que tengas pendientes, solo tres, pero luego puedes repetir el ejercicio con todas las que quieras.

En la primera columna escribe eso que deseas.

En la segunda toma otro color y haz un balance de lo que necesitas para avanzar. Aquí debes enfocarte en recursos concretos, como un crédito, un socio, una casa con un cuarto más grande o una maquinaria.

En la tercera, y con un color distinto, lista tu patrimonio intangible, cosas que debes desarrollar dentro de ti, como disciplina, tolerancia a la crítica, o austeridad.

¿Qué deseas?	¿Qué recursos materiales o económicos necesitas?	¿Qué habilidades y fortalezas debes desarrollar?
•	•	•
•	•	•
•	•	•
•	•	•
•	•	•
•	•	•
•	•	•
•	•	•
•	•	•
•	•	•
•	•	•
•	•	•
•	•	•
•	•	•
•	•	•
•	•	•
•	•	•

Una vez que hayas realizado el ejercicio, necesito que respondas, si tuvieras todo lo material que has incluido en la segunda columna, pero sin poseer aún lo que has colocado en la tercera ¿tendrías éxito en lo que anhelas conquistar?

¿Podrías triunfar con el dinero, pero sin la disciplina? ¿Avanzaría tu negocio si consigues el local, pero no logras vencer el miedo a relacionarte con otros? ¿Terminarías tu proyecto si el banco te da el crédito, pero mantienes la costumbre de dejar las tareas para después? Si tu respuesta es «no», derribarás las excusas que te impiden avanzar: eres tú.

Suelta lo que más pesa: tú.

Esto no significa que sin los recursos materiales podrás hacer lo que deseas, será difícil, sí, pero sin los atributos que surgen de ti, será imposible.

Las limitaciones de tu ser tienden a anudarse unas con otras, escoge una y verás cómo las otras comenzarán a liberarse. La fuerza de voluntad es como un músculo que se ejercita y que también se agota. Entre más la reforzamos, más plasticidad desarrolla y se somete mejor al molde que deseamos para nuestra vida. Del mismo modo en que al comenzar a ejercitar nuestro cuerpo se nos hace más sencillo someter nuestras ansias y tentaciones, cuando comenzamos a arrancar de nosotros los vicios que nos alejan de nuestra visión, desarrollamos mayor disciplina y se nos hace más fácil avanzar.

Una vez en camino obtendrás los recursos materiales.

El dominio propio es la capacidad que nos permite someter nuestras emociones y no que estas nos controlen, ni nos roben la posibilidad de elegir lo que queremos sentir en cada momento.

Una de las razones por que nos cuesta tanto saltar del andén y abordar las oportunidades radica en nuestra innata aversión al conflicto. Evitamos a toda costa las situaciones en que podríamos experimentar dolor.

Solo hace falta un pequeño acto de valentía en tu vida para salir del hueco en que estás y abalanzarte por completo hacia tus sueños: ¡salta ya!

Comienza por hacerle frente a aquello que te mantiene asustado, no busques una victoria aplastante, busca dar un pequeño paso, aunque sea con miedo, pero hazlo, valientes no son los que no tienen miedo, sino los que a pesar del temor caminan a la ofensiva. Nuestra mente quiere estar tranquila y opta por la línea de menor resistencia, así evita a toda costa los riesgos.

Los inquebrantables debemos oponernos a esta tendencia natural que nos lleva a echarnos en el sillón mientras el tren pasa justo por nuestra puerta. Yo siempre he estado dispuesto a arriesgarlo todo, jamás busco garantías de nada, prefiero hundirme antes de siquiera pensar que soy capaz de perderme un momento en la vida. Camino hacia adelante, aunque me arranquen pedazos de piel al caminar.

Tú que escribes este libro conmigo y que ya sabes que los obstáculos están dentro de nosotros, sé ahora un vendedor de boletos para que todos suban al próximo tren.

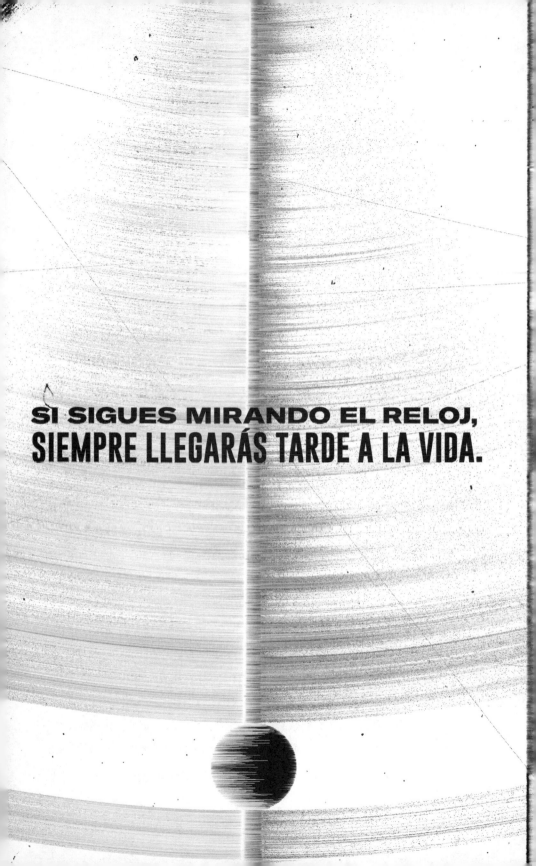

SI SIGUES MIRANDO EL RELOJ,
SIEMPRE LLEGARÁS TARDE A LA VIDA.

NI HOY, NI NUNCA

Aclaremos de una vez por todas que no somos las víctimas, de hecho, creo que somos los sospechosos del crimen. Hemos matado más sueños y virtudes que las consecuencias y los dolores de nuestra propia vida. Deja de culpar a otros por tus quiebres y hazte responsable de una vez por todas.

Y cuando lo hayas logrado, tendrás que superar quién eres hasta que tus propios límites sean rotos. Pero tomará su tiempo: aprender a hacer las cosas bien no es algo de un día para otro. Vale el esfuerzo esperar por la excelencia de mantenerte en mejora continua.

Son muchas horas de entrenamiento y una férrea disciplina lo que nos lleva a aprender a construir, a dirigir, a ser firmes con nuestras convicciones, a no claudicar ante las dificultades, que por momentos son agotadoras y absurdamente demandantes. Esto se lo debo a mi madre quien no solo me enseñó a poner los huevos en la sartén, sino también en la vida. Se lo debo a mi esposa que siempre me ha empujado a no detenerme, a ser mejor. Te lo debo a ti y a quienes han confiado en mis palabras, a cada uno de quienes han esparcido el mensaje y también a las personas que me confrontan y que no les gusta mi contenido.

Me tomó mucho tiempo aprender a analizar con profundidad, a estudiar diligentemente, a buscar la verdad con afilada visión, a ser fiel a mi llamado, a ordenar mis ideas y a enfocar mi pasión y mi denuedo. No fue fácil arrancar las telarañas de mi mente y asumir la limpieza diaria, pero no por ello dejé de lanzarme sobre las oportunidades que vi pasar.

Escombré mi corazón y mi horizonte de imágenes desnutridas, limpié las emociones y las motivaciones detrás de mi verbo. Llevó un gran esfuerzo sacudir mis manos y mis brazos para arropar a cientos de miles, para fortalecer mi espíritu.

La vida no se trata de fingir perfección, sino de empujarte a vivir los límites de tu propia frontera mental y espiritual, a romper con tu molde y ensancharte más allá de lo inimaginable. Cuando intenten meterte en su molde, irómpeselos!

El reto no es la cúspide, sino llegar, disfrutar y no enamorarse de la vista, no contaminarse del ambiente, bajar, bajar más, y cuando hayas bajado por completo, volver a subir y llevar a alguien contigo.

Nuestro trabajo es lograr que todos superen a quienes creen insuperables, que tengan la energía, la garra y el tesón. Debemos ser los que caminan, los que corren, los que vuelan y no se cansan de volar, como el vencejo real. Cuando veas a la oportunidad de frente, estámpale un beso en la boca, aunque te venga la cachetada.

No le temas al resultado, porque nuestra vida es el proceso. No entiendo esta obsesión por el final, cuando en realidad lo único que importa es el recorrido, como si lo único que tuviera valor en un libro fuera la última página.

Tu vida aún no ha terminado: aunque el mundo le haya puesto punto final, Dios se encargará de ponerle punto y seguido.

Capítulo 6

Distracciones letales

Cuando tenga la cabeza atada con un pañuelo
para que no se me abra la boca
y las manos bien amarradas dentro del ataúd,
en esa hora me habré resignado.
Federico García-Lorca

Una de las razones por las cuales nos cuesta tanto abordar el tren de las oportunidades es porque tenemos asuntos pendientes. Hay personas extraordinariamente brillantes que no logran avanzar en sus objetivos. Ante la pregunta de cómo puede suceder tal cosa, nos encontramos con una serie de elementos, entre los cuales resaltan problemas de actitud, baja autoestima, falta de propósito o ausencia de voluntad. Estas dolencias tienen un síntoma en común: dejar todo para después.

Procrastinar tiene mucho que ver con la falta de voluntad y el uso inadecuado del miedo, que, como veremos pronto, puede ser un gran potenciador cuando lo sabemos manejar.

Comenzar lo que tenemos pendiente es una de las tareas indispensables si queremos llegar a ser inquebrantables. Evadir las distracciones tiene un efecto determinante en nuestros resultados. Son incontables las personas que se sientan a trabajar y a los pocos minutos están con el teléfono en la mano, para ver cuerpos en Instagram o leer una receta que encontraron en una revista vieja. Estas pequeñas distracciones son letales.

Cuando la motivación muere, la disciplina la resucita.

¿Cuántas veces has dicho: «El lunes lo hago», «cuando termine la película, me siento…», «juego otra partida y me pongo…»? Y no lo haces ni ese lunes ni el otro, y ves esa película y otra más —que ya habías visto— y adelantas la hora en la tableta para jugar más.

Procrastinar emana de la comodidad, porque hacer las cosas genera resultados, y ellos te sacan de allí.

En el fondo, te engañas al creer que te escudas bajo una coraza que te protege de la incertidumbre y del curso de las acciones. Pero no es así, debes sacar de esa zona primitiva de tu cerebro la idea de que no hacer nada te protege, porque la inacción es una bomba que detona incertidumbres. No es lo mismo poner el control de tu vida en tus acciones

Don [dän]

Del lat. **donum.**

1. m. Dádiva, presente o regalo.

2. m. Gracia especial, cualidad o habilidad para hacer algo. *U. t. en sent. irón.*

3. m. *Rel.* Bien natural o sobrenatural que tiene el cristiano, respecto a Dios, de quien lo recibe.

Dar menos de
lo que puedes,
es sacrificar un

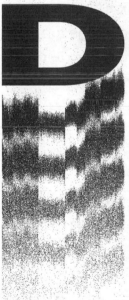

que ponerlo en tus abandonos. Salir de la cueva a recoger las bayas implica el riesgo de enfrentarte a los depredadores, pero es un riesgo que ya conoces, y lo haces porque sabes a lo que vas. Pero te tengo una mala noticia, carnal: igual tendrás que salir o te morirás de hambre. Y entonces, cuando salgas no será en las condiciones que tú decidas, sino en las que impongan los granos de arena que no dejan de caer.

De la acción pueden generarse varios resultados, pero de la inercia solo la derrota.

Estoy cansado de ver ideas brillantes que por ser dejadas para última hora se convierten en la burda imitación de lo que debían ser. Cuando pospones los pasos fundamentales para la consolidación de tus proyectos no crees que has tomado la decisión de cómo vivirás los próximos años, pero te equivocas: ya lo has hecho. No actuar es el acto más contundente del ser humano, porque el tiempo jamás se detiene.

Los deseos y las intenciones son inservibles sin el poder de la acción. Es muy distinto estar interesado que estar comprometido. Hay que dosificar los verbos *querer*, *soñar* y *desear* y conjugar con mayor frecuencia todas las formas de *hacer*, *luchar* y *emprender*. Es necesario poner los verbos en orden: enlazar el pretérito de *anhelar* con el presente de *actuar* para obtener el futuro de *triunfar*.

Hoy, usa tu tiempo para sudar, tus talentos y tus dones para servir, tu dinero para invertirlo en ti y en tu crecimiento. ¿Cuándo has visto que de la apatía surja algo bueno, de la pasividad algo grande, o que del rencor nazca el amor y la paz? ¿Cuándo has visto que de la pereza crezca la abundancia?

Hay cosas que para hacerlas se necesita *cero dinero*: ser apasionado, tener ética, ser puntual y comenzar a hacer. Emplea eso a tu favor y todo lo demás nacerá por añadidura. Por más pequeños y escasos que consideres tus talentos y dones, bastarán para conseguir el éxito si los concentras en el objetivo.

Lo sueños no están hechos de pereza, indiferencia, apatía, procrastinaciones, «no puedo», «mañana lo hago», «es que si pudiera…», ¡Nada de eso! Deja de ser tolerante con tu indolencia mental y extirpa los pretextos y las dilaciones. Necesitas un deseo tan profundo que por más que recibas golpes y humillaciones, te levantes de nuevo. Necesitas firmeza, pero sobre todo constancia.

Para una mente perezosa todo es imposible.

Procrastinar es un hábito nefasto, un vicio que no solo te aleja de tu meta, sino que te cuesta mucho dinero, mucho, —ya lo verás—. De pocos vicios se puede salir sin ayuda. Apóyate en otras personas y préstate a ayudar a quienes necesiten comenzar a poner los acentos en las vocales correctas.

Perder un mal hábito es una ganancia, pero a veces vemos el cambio de comportamientos como una forma de perder y a nadie le gusta perder. En realidad, quienes más han perdido son aquellos que más se resisten al cambio.

Es una lamentable paradoja que aplazar las responsabilidades sea algo tan común en mentes brillantes y personas sumamente creativas, que no logran canalizar el poder de su genialidad. Existe otro tipo de procrastinación que tiene rostro de perfeccionismo, y que aplican aquellos que, escudados en el perfeccionismo, acaban por no hacer nada.

Procrastinar no es solo ir dejando las cosas para después, sino también todas las acciones evasivas que tomamos de modo inconsciente para no hacer lo que es realmente importante. Esto incluye la dilación, el perfeccionismo, el exceso de análisis, la indecisión; esta última muchas veces llega a nosotros como una forma de postergar el momento de enfrentarnos al papel en blanco o de hacer esa llamada tan importante.

> **Si seguimos enfocando toda nuestra mente y espíritu sobre lo que no queremos, seguiremos teniendo más de lo mismo.**

No hablamos de dejar para después tareas tediosas como barrer o sacar la basura —las cuales, aunque las detestemos, hasta las preferimos si con ellas evadimos lo que tenemos que hacer—, sino de aquellas que tienen un impacto radical en nuestra vida.

Hay quehaceres sencillísimos que nos lleva semanas comenzar o que simplemente nunca arrancamos. Labores tan fundamentales como actualizar un resumen curricular o trazar un proyecto personal quedan enterradas bajo el peso inconmensurable de las series de televisión, los videojuegos, los grupos de WhatsApp o los inacabables memes.

Con esto no te quiero decir que trabajes sin descanso. Entretenerse es esencial para lograr los planes que has trazado.

Sin embargo, debes estar consciente de la posición que otorgas a la recreación en tu lista de prioridades. Si lo haces de una forma inteligente, disfrutarás mucho más esas pausas, porque sabrás que tienes el control de tu vida.

Otro de los elementos que nos lleva a posponer nuestras acciones fundamentales es el mal establecimiento de las prioridades. Sé que ya has escuchado muchas veces aquello de que hay cuestiones importantes y otras urgentes, y que nuestro foco debe estar en las primeras, pero esto es algo que nunca debes olvidar. Además, es preciso recordar que este será siempre un criterio arbitrario, viciado con nuestros sesgos y prejuicios, y que, aunque tengamos colgada en la pared una hermosa matriz de lo importante y lo urgente, serán nuestros actos los que hablarán al final.

Haz un ejercicio, y hazlo bien, porque volveremos a él unos capítulos más adelante.

Quiero que realices una lista de las cinco cosas más importantes para ti en este momento, cosas que tú debas concluir como trazar presupuestos o sentarte a estudiar un tema que necesites aprender. Al lado colocarás una fecha razonable de cumplimiento.

Luego, durante unos días, lleva una lista de lo que haces; registra con gran precisión el tiempo dedicado a la redes sociales —salvo que estas sean parte de tu proyecto personal—, a ver televisión, o escribir mensajes de texto, así como otros elementos que te distraigan a la hora de trabajar. Si lo deseas, excluye de esta lista el tiempo que separas con total uso de razón para reponer tu cuerpo y refrescar tu mente.

Adicionalmente, es importante que lleves registro de las distracciones en que caes a la hora de emprender una tarea. ¿Cuántas veces interrumpes el trabajo para hacer algo intrascendente?, ¿cuántas veces revisas el teléfono o abandonas tu labor sin avanzar?

Cinco tareas fundamentales	Minutos de distracción	Interrupciones del trabajo

Esta revisión te dará una idea de cuáles son las rutas de escape. No te confundas, algunas veces las tareas domésticas son la excusa perfecta para levantarnos de la silla, debes identificar cuándo cortar unas cebollas es hambre o distracción. Es posible que también nos refugiemos en tareas que creemos productivas sin serlo, como responder estériles correos electrónicos o asistir a juntas interminables. Este ejercicio te ayudará, adicionalmente, a definir un lugar óptimo para trabajar, si no lo tienes.

Toda ocupación requiere un lugar a prueba de distracciones en la medida de lo posible, pero nuestro sitio de trabajo no hará nada por sí mismo si no tenemos disciplina. En el mundo actual los teléfonos inteligentes son la mayor de todas las distracciones. Apágalo, amordaza a ese charlatán empedernido. Si no puedes hacerlo por algún motivo, limita su poder de distraerte: apaga las notificaciones, ponlo lejos de tu alcance, pide a las personas más importantes que eviten enviarte mensajes innecesarios.

Por lo regular, el después se convierte en nunca.

Una vez que sabes cuáles son los distractores que interrumpen la faena, tenlos a mano. No te pongas a trabajar sin contar con el material necesario y no lo utilices para otra cosa.

Cuando sientas que hayas avanzado en este sentido, podrás ir más allá. Practicar la serenidad refuerza el dominio propio. Especialmente si eres una persona que viaja o que no cuenta con un lugar sobre el que tengas demasiado control, puedes desarrollar tu capacidad de enfoque al introducir circunstancias incómodas que rompan con tu paciencia o concentración.

En mis entrenamientos, cada dos días utilizo esta técnica para ejercitar la concentración: coloco un audio de goteo constante por 10 minutos o algún sonido estridente que me haga sentir incómodo e interfiera con mi paz interior; así busco concentrarme a tal grado que no oiga ninguno de estos sonidos. En ocasiones, he logrado silenciar todo el ruido y la interferencia externa, como si poseyera un ecualizador dentro de mí, y esto me permite decidir qué quiero escuchar del mundo exterior cuando necesito abstraerme. Con este ejercicio aprenderás a subir el volumen a lo que hay en ti e ignorar los distractores que te lanza la mente. Entrena para estar en sintonía y descubrir qué debes sacar y extirpar de tu corazón.

La oración (o la meditación, si no eres creyente) es de gran ayuda, porque en ella encuentras un espacio para conocerte más, y cuanto más te conoces, menos miedo te tienes.

El medio más efectivo para ser protegido de las tentaciones es estar ocupado con el bien. Cuando la corriente de nuestros pensamientos fluye invariablemente hacia arriba, estos se hacen profundos y estables, se mantienen sin desvíos ni lagunas; entonces, la imaginación y los sentimientos que brotan de lo profundo del alma se direccionan de modo natural hacia adelante. Este es el camino indiscutible hacia la excelencia. Si quieres una existencia mejor, tú debes ser mejor, así de simple. Nada mejora si tú no lo haces primero.

Son pocos los que se toman la molestia de anotar sus metas y sueños con afinada claridad. Debes trazar un mapa y una estrategia, aplicarla y olvidarte del famoso plan B: llegas o llegas.

Usa tu tiempo con sabiduría, deja aquello que te distrae y aprende a decir que no: «No voy», «no quiero», «no puedo». No dediques tus minutos en nada que no te acerque a tu propósito de vida, que también elevará a otros. No antepongas tus comodidades a tus necesidades.

Pon en tu agenda horas de trabajo y cúmplelas, si programaste tres horas frente a la pantalla, conclúyelas. Al principio sentirás que pierdes el tiempo, pero luego verás que son esos los momentos de mayor productividad. Y si no sabes por dónde comenzar, inicia por el final, o por el medio, pero comienza. Ya verás cómo pegar los pedazos, y cuando lo hagas, sentirás que has sido tú quien se ha completado.

NO NECESITAS UN

DÍA CON MÁS HORAS.

Necesitas
Prioridades.

EL PRECIO DE SER DIFERENTE

¿Vas a seguir con tu cuerpo empotrado en el sofá? ¿Vas a estar 40 años así?

¿No te das cuenta de que nuestra existencia es lo más breve en esta tierra?

Supongamos que eres feliz con lo que tienes ahora: sientes paz y gozo. Pero si aún te consume un hambre voraz de crecer, explícame, ¿qué carajos esperas para ir a devorarte el mundo?

Cada vez que afirmas que estás bien, firmas tu acta de defunción. Y más aún si sabes que te quedan pasos por dar, cartas por jugar y canciones por bailar.

Te pregunto nuevamente: ¿qué carajos esperas?

Márcalo aquí, para yo saber:

☐ El momento perfecto

☐ El millón de dólares

☐ El socio soñado

☐ El cazatalentos extraviado

☐ El título universitario

☐ La aprobación social

☐ Una señal del cielo

☐ Una epifanía angelical

Te aterra hacer tu voluntad. En este mundo importa mucho más cómo usamos los recursos que su cuantía; importa más cuánto haces que cuánto sabes. Ya hemos dicho que estar dispuestos va antes que estar preparados. Puedes tener todos los conocimientos, pero si no tienes la disposición necesaria para enfocarte, y ponerte a hacer las cosas todos los días, de poco te servirán.

La procrastinación es autosabotaje puro, es una renuncia a enfrentar aquello que debes. Esta se manifiesta en las excusas que te inventas para aplazar un mañana que nunca llega.

Suelta lo que no es para llevar; no es que te falte tiempo, es que malgastas el que tienes. No confundas estar muy ocupado con ser muy productivo y por favor, observa estas pequeñas grietas en tu vida, ya que estas hendiduras generan los grandes derrumbes.

No te enfoques en comenzar sino en terminar. Pocas cosas dan más satisfacción que finalizar una tarea pendiente, por más pequeño que sea este progreso hacia lo que queremos.

Toma una nueva dosis de inspiración. El estrés no viene por la reflexión en lo que no hemos comenzado sino por la angustiante presencia de aquellas tareas que debemos terminar.

Si quieres la victoria, tendrás que ir a la guerra; hay que salir a la batalla, hay que dejar los pulmones en la trompeta, arriesgar trozos de piel, recibir zarpazos, perder algunos compañeros en el avance. ¿O es que acaso crees que la vida es un *picnic*?

Muchas veces tendrás que decir «sí» a aquello que te causa temor, pero esta es la única manera de saber si «te *ponchas* o la sacas del estadio». Hazlo de vez en cuando y verás que el precipicio tiene el objetivo de hacerte saltar o enseñarte a volar.

Aunque tu primer rugido suene como un graznido, debes de enseñar los colmillos desde ya. Todos necesitamos algo de ferocidad; en esta selva o ruges o te quedas como borrego.

¿De qué te sirve creerte un león si no comienzas a rugir?

¿Quién va a creer en ti si no lo haces tú? ¿No comprendes que ese es el precio de ser diferente? Un precio que puede ser sumamente alto, pero es el costo de la dignidad humana.

Es mejor ser un loco emprendedor que un empleado en sus cabales, pero amargado. Deja de repartir currículos y comienza a repartir volantes de tu propio negocio.

Cuando hagas las cosas, hazlas con amor, con pasión, con sapiencia, con visión, con enfoque, sin temor y sin mirar atrás. Y prepárate: no existe mejor inversión que la destinada a tu conocimiento. Estudia, entiende, enfócate, discierne cada palabra y cada tema. Pero aplica lo aprendido, porque el conocimiento cautivo en tu cabeza es tan infértil como en un libro cerrado.

Cada momento en tu vida debe ser un manjar y un aprendizaje. Que no pase un día del que puedes prescindir, uno del que digas: «Pude haber vivido sin el día de hoy».

Eso sería un verdadero asesinato.

Capítulo 7

Que te tiemblen las piernas

He dado pasos llena de miedo,
pero han sido los más dignos en mi vida.
Anyha Ruiz

Ya dijimos que procrastinar tiene entre sus causas un mal manejo del miedo. Tanto la ausencia de este como una dosis excesiva, paralizan y causan inacción. El miedo es una reacción que con frecuencia se convierte en autosabotaje. Está tan enterrado en nuestro espíritu que lo depositamos debajo de la alfombra y pensamos que no está allí; luego comenzamos a creer que simplemente no estamos hechos para triunfar.

Cuando enfrentas al miedo, cuando decides dejar de verlo como un impedimento y echas abajo la cerca que teje frente a ti para incendiarla y con ella hacer arder el combustible que te llevará a lograr lo que deseas, solo entonces notarás que lo que te atemorizaba excedía aquello que podía ocurrir en la realidad. No caigas en el juego de la mente ni anticipes la derrota.

El miedo es un aliado mentiroso, un amigo que todo lo exagera. Somos nosotros quienes le asignamos la función que debe cumplir en nuestra vida; puede ser la barrera que nos impide avanzar o el combustible del cual extraemos la energía para seguir. Sin él, nuestra especie no hubiese sido más que el alimento de los depredadores; pero sin nuestro poder para superarlo, aún seguiríamos ocultos en las cavernas. Hoy, muchas personas que no logran vencerlo habitan en la más profunda de las oscuridades: la mediocridad, esa caverna del «sin tan solo hubiera…».

La mente es más caótica que la realidad.

El miedo a triunfar se debe a asociaciones neuronarrativas que desembocan en conductas repetitivas. Nuestra vida está dominada por opiniones, creencias y convicciones; la guían dos grandes motores: el placer y el dolor. Por supuesto, nuestras opiniones pueden ser diluidas; sin embargo, para destruir una opinión, primero hay que dudar de ella, y ciertamente, para destruir una creencia, hay que cuestionarla. Las convicciones y las creencias no son lo mismo,

¿No será que te da
más miedo
que te digan que SÍ, a
que te digan que NO ?

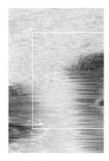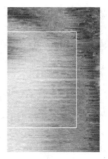

las últimas pueden cambiar, mientras que las primeras son aquellas certezas por las que estamos dispuestos a morir.

Los inquebrantables sienten miedo porque persiguen la inmensidad, se imponen desafíos que asustan solo de imaginarlos. La grandeza, la gloria y el éxito son estados idílicos y apacibles únicamente cuando fantaseamos con ellos, pero cuando los concebimos con la intención de concretarlos, de hacerlos realidad, generan temor.

A los inquebrantables les tiemblan las piernas cuando se paran frente a los retos, pero no les tiembla el pulso al lanzar la piedra que derribe a los gigantes. Siempre habrá una misión, un motivo que les cause un bramido en el pecho, una nueva oportunidad para avanzar.

El miedo no se vence, se usa para vencer.

Quizás has recibido tantas veces un *no* como respuesta, que acabaste por convertirte en un realista. Cuántas veces has pensado que estabas mejor antes de intentar algo. Por supuesto, la incertidumbre genera temor, pero la certidumbre es un vuelo sin escalas a la mediocridad. Pensamos que conseguiremos estos éxitos nosotros solos, pero no es así: aquel que va adelante nos marca el camino. Él provee las herramientas para hacerlos realidad, por ello debemos estar dispuestos a aplicar estas armas.

El miedo tiene su raíz en una falacia, en la ausencia de fe. Te llenará de excusas para justificarte, pero de él solo se derivan otros temores:

1) Temor de no ser digno del éxito.

2) Temor de no poder satisfacer las expectativas.

3) Temor de no poder enfrentar los compromisos que conlleva iniciar un proyecto personal.

4) Temor de ser rechazado.

5) Temor de perder el confort.

6) Temor de decirle «no» a ciertos deleites o personas.

Deshazte de los pensamientos limitantes. El miedo a triunfar se caracteriza por varios comportamientos que requerirían un nuevo capítulo, pero me referiré solo a algunos que considero esenciales:

Si haces un mal manejo del miedo al éxito, seguro evidencias alguno o varios de estos comportamientos:

> **No puedo evitar que los malos pensamientos surjan en mi mente, pero sí puedo impedir que se alojen ahí.**

1) Tienes bajo rendimiento.

2) Te centras en quienes te rechazan y no en los que te aceptan.

3) Pierdes el foco de tu objetivo.

4) Crees que otros merecen el éxito, pero tú no.

5) Procrastinas.

6) Te resistes al sufrimiento.

7) Te domina la aversión al conflicto.

Necesito detenerme en el último de estos aspectos. Cada día nos enfrentamos a diversos conflictos en mayor o menor grado y en distintas formas y situaciones. Ciertamente hay diferencias en la personalidad y en la crianza que nos llevan a lidiar con el conflicto de un modo también distinto. Aun así, podemos modificar cómo lo encaramos.

Desde temprana edad nos vemos obligados a tomar decisiones y enfrentar numerosos conflictos. Nuestra humanidad nos hace vulnerables a ellos y a las consecuencias que estos arrojan, pero todos los grandes hacedores de la historia se han forjado bajo el golpe inclemente de su mazo: David, Pablo, Ruth, Alejandro Magno, Juana de Arco, Churchill, Marie Curie, Mandela, Luther King, Gandhi, por mencionar unos pocos, pasaron por momentos de enormes crisis que hicieron aflorar su preocupación, estrés o ansiedad, propios de los seres humanos.

Al hombre se lo conoce más por sus reacciones que por sus acciones.

Vivimos conflictos internos, interpersonales, matrimoniales, relacionales, laborales, sociales, comunitarios, nacionales y globales. Estos ocurren cuando dos o más valores, perspectivas u opiniones son contradictorias y resulta imposible hacerlas converger. Estas contradicciones suelen ser aparentes, y somos nosotros quienes las hacemos irreconciliables.

Debemos comenzar aceptando que a veces nos sumimos tanto en los problemas que somos incapaces de hallar la solución, aunque esta no muerda los tobillos. A veces no existe ni siquiera un conflicto en sí.

Pero ¿cómo reaccionar ante un conflicto? Cuando al actuar manejamos las emociones, estamos en control. En cambio, cuando solo reaccionamos, el conflicto lo está. Debemos aprender a controlar, pero sobre todo a dominar nuestras emociones de manera que no nos hagan perder el raciocinio y el equilibrio.

Bájale el volumen al miedo y escucharás lo que Dios te quiere decir.

Ahora viene la pregunta obligada: ¿cómo dominar nuestras emociones? Ellas nacen de un mundo primitivo e intangible, pero si las colocamos en una vitrina neutral y las observamos antes de ponerles una etiqueta, habremos obtenido un pequeño éxito. De ese modo lograremos que no se conviertan en sentimientos contaminados. Este es un ejercicio complejo, y adquirirás destreza si lo realizas a diario, de modo consciente y tomas como punto de partida el acto que provocó la emoción.

El dominio propio es la capacidad que nos permite someter nuestras emociones y no caer en sus garras. Esto nos da la posibilidad de elegir lo que queremos sentir en cada momento de nuestra vida. El ser humano tiende a dar la espalda a los conflictos. Evitamos a toda costa situaciones en que podamos experimentar dolor, y por ello solemos darle largas a los problemas.

En su búsqueda de tranquilidad, la mente escoge la línea de menor resistencia, evita a toda costa afrontar la inseguridad. En ocasiones nos enojamos porque carecemos de recursos para dominar la situación y necesitamos hacer ruido para creer que hacemos algo.

No todo lo que confrontas se puede cambiar, pero nada que no confrontes cambiará. En ocasiones tendrás que hacer la guerra a la falsa paz que vives, para por fin obtener una paz duradera, no una simple escenografía de tranquilidad.

Es mucho más lo que se pierde por miedo que por coraje, es mucho más lo que dejamos de obtener por acobardarnos que por intentarlo. El que no arriesga es el que más pierde. Muchas veces pensamos que nuestra ciudad o barrio es demasiado pequeño para el negocio que soñamos y el miedo nos detiene. Luego, cuando alguien más da el salto en que no quisimos caer, comprendemos que lo perdido supera aquello que nos quedó en las manos.

Alimenta tanto tus sueños que tus miedos se mueran de hambre.

Sin el miedo no hay grandeza, no se pueden lograr grandes hazañas si no se vive en un constante estado de superación. Esto no significa que has de crear estrés de forma permanente, o acabarás por enfermarte, pero una dosis prudente de estrés nos permite levantarnos de la cama, es la taza de café que nos despierta el alma, para que luego la oración sea su alimento. Los inquebrantables buscan el éxito, pero no anidan en él, porque saben que cuando empujan muchos otros siguen sus pasos, intentan porque son los

Que te tiemblen las piernas

faros que marcan el camino, porque se erigen en atalayas que defienden los espacios ocupados.

Los inquebrantables no prestan sus oídos a las opiniones que buscan desalentarlos, ni a las tentaciones de la vanidad; son valientes porque alimentan su interior, aunque los necios crean que su brillo está por fuera. Lo que sucede es que la intensidad de aquello que les quema por dentro reluce al exterior.

Hay que usar el miedo a nuestro favor. Es fácil escribirlo, pero hacerlo requiere de ovarios o huevos. Solo incorporándolo a lo cotidiano podemos lograrlo. Cuando aprendemos a conducir, al principio nos aterra pensar que debemos tomar una vía rápida,

Ponle un bozal a tu *pero.*

pero gradualmente hacemos pequeños avances hasta que somos capaces de ingresar a la autopista con el volante en una mano, y el café en la otra. Así es como un miedo se funde en lo cotidiano y deja de espantarnos. Con el tiempo olvidamos el momento cuando dejamos de sentir miedo.

A medida que vencemos pequeños miedos, se nos facilita superar otros mayores: hablar con nuevas personas, emprender, postularte para una tarea, abordar un avión o desafiar el *statu quo* son situaciones que puedes someter paulatinamente al conseguir modestos adelantos. En tu espíritu hallarás la entereza que te hará apto para enfrentar el miedo, y tonificará el músculo de la audacia.

El ejercicio que te propongo ahora no lo harás en estas páginas, sino en las que escribes tu vida: escoge alguna situación, persona o cosa ante la cual sientas miedo. Podría ser, por ejemplo, hablar en público o ver películas de terror; luego traza un plan para comenzar a superar ese miedo. Inicia con pequeños pasos, desde lo más sencillo y avanza hasta el punto que hoy consideras impensable. Lleva un registro de los progresos, indica la fecha en que enfrentaste los retos y escribe cómo te sentiste antes y después.

La naturaleza del miedo que enfrentes y tu capacidad para superarlo definirán tu progreso. Cuando superes ese desafío que hoy te hace desviar la mirada, no temas dejar evidencia en el ecosistema digital, usa las etiquetas #ElMiedoSeUsaParaVencer #Inquebrantables. Si quieres, incluye un breve texto y cuéntale a otros inquebrantables cómo fue tu proceso, desde el carrusel de los niños a la montaña rusa que hoy te produce vértigo solo de verla.

¿Cómo puede liderar a otros quien no halla los recursos para hacerlo consigo mismo?

Cuando hayas descubierto y superado la causa de tu miedo, no te olvides de seguir siendo perseverante, responsable, congruente, diligente y, no menos importante, de disfrutar la delicia de haberlo logrado.

Aunque ahora mueras de miedo, precisas incrementar tu capacidad de hacer frente a las adversidades de la vida; transformar el dolor en una fuerza motora para poder así superar las pruebas y fortalecerte con ellas.

EL MIEDO MATA

En algún momento de nuestra vida todos hemos querido ser alguien que no somos; ya sea por admiración o por satisfacer las expectativas. En esos momentos dudamos y negamos nuestra identidad, dejamos en un cajón todo aquello con que fuimos equipados desde el nacimiento. Pero si vives con hipo emocional, como un alebrije de celebridades o un fantoche sin identidad, quiero decirte que te has convertido en la copia pálida de otros, has perdido toda tu frescura.

Pero estás a tiempo de escapar de la domesticación de tus sueños, si te han controlado las rarezas, es hora de traer de vuelta a ese loco que te dijeron que por nada del mundo podías ser.

Todos en esta vida tenemos un lado disruptivo, rebelde, salvaje, contracultural y trastornado. Si has sepultado el tuyo debajo de las frustraciones, a un lado de las críticas que lo silenciaron y detrás de tu pretensión de normalidad, debes recordar que quizás ese loco que tienes cautivo podría cambiar el mundo si estuviera libre. Podría dirigir un país entero y ayudar a millones de personas, pero no, lo tienes secuestrado. ¿Sabes por qué? Porque le creíste a la bola de mediocres que no pudieron conseguirlo y se aseguraron de que tú tampoco lo hicieras.

> **Te hicieron para las alturas, pero te quedaste en el suelo, escuchando a los que se arrastran.**

❂

Te modificaron el modelo de fábrica. Y todo porque tan pronto te llamaron «tonto», «romántica», «fantasioso», «ilusa», y apenas escuchaste las críticas de aquellos que no estaban dispuestos a hacer nada por sí mismos, te dejaste convencer y te refugiaste en el sótano de la vida. Pero este mundo necesita más *soñadores* y menos *realistas:* más creativos e innovadores, menos criticones y envidiosos.

Por favor, no me digas que no te arrepientes de no haber dicho algo por temor o por vergüenza, de callar cuando debiste hablar; de estancarte cuando debiste actuar. No me digas que no te lamentas de no haber llorado más, no haber besado más, no haber reído más. Yo sé que hoy te reclamas haberte arriesgado a cometer una locura por esa persona. Sé también que este es el momento en que me dirás: «Mira, Daniel, ya tengo (pon aquí tu edad), y ya estoy grande para esto. No puedo andar por allí haciendo locuras. Ya no tengo tiempo para soñar».

Pues, soñar es lo que te mantiene joven, y aunque tu cuerpo haya crecido, si dejaste de hacerlo, tu mente y tu corazón se habrán empequeñecido.

¿Sabes?, en esta vida hay que ser más niño, tener un corazón tierno, como dice Dios. Así nos aseguraremos corazones enormes. Está bien ser adultos en términos razonables de la edad, pero no pierdas la capacidad de asombro por lo que puedes lograr.

Con un solo juguete los niños pueden imponerse en la batalla más brutal, sobrevolar el universo con una bolsa como capa, perdonar sin miramientos. ¿Por qué no haces ahora lo mismo?

Yo te diré por qué: porque tienes miedo de que te digan idealista, débil o inocente.

No debe importarte lo que digan, el mundo no se trata de gente buena, ni de gente perfecta, ni de gente correcta. Este juego se trata de gente con carencias y limitaciones —como tú y yo—, pero que decidió cambiar su pronóstico porque amplió su mente y ensanchó su corazón.

El mundo se trata de gente efectiva, con hambre de lograr, de conseguir, de dar, de servir, de amar y de conquistar, pero sobre todo de colonizar, porque no sirve de nada conquistar sin colonizar.

¿Te han llamado infantil? Pues, no dejes de sentir como un niño.

¿Te han llamado hambriento? Pues, no dejes de saciar tu apetito.

¿Te han llamado loco? Entonces, no dejes de intentarlo.

Capítulo 8

Duerme poco

Mis acciones son mis oraciones elevándose.

Elena Brower

Cuando comienzas a hacer las cosas que tienes que hacer y pierdes el miedo al éxito, al qué dirán y a los cambios que te traerá tu nueva vida, encontrarás que ya no podrás detenerte. En ese momento sonará la campana que iniciará la batalla más importante que enfrentes, una en la cual deberás vencerte a ti.

En ese momento, emprenderás una lucha con el más fiero oponente que hayas enfrentado, y vencerlo te traerá la mayor de las satisfacciones, aunque cada golpe que le asientes te dolerá en ambos sentidos.

Nos urge una mente entrenada para soportar y tolerar el conflicto. Cuando era más joven tuve la oportunidad de convivir con personas sumamente inteligentes; algunos de mis compañeros eran superdotados; todos alcanzaron maestrías o doctorados, eran de esos que tenían memoria expansiva; y yo de niño apenas y lograba recordar la capital de un estado. Siempre fui menos apto para las demandas escolares, estaba menos adaptado a las exigencias que impone la sociedad. Esa desventaja (relativa) me hizo más tenaz, me obligó a sudar el triple que aquellos que lo conseguían sin mayor esfuerzo, lo que fue una gran bendición.

Quien no controla el río de sus pensamientos termina ahogado en un mar de emociones.

A donde algunos llegaban con un paso yo llegaba luego de recorrer un maratón; siempre tuve que esforzarme mucho más, pero clamé tanto que rompí las ventanas de los cielos a pedradas. Mis municiones fueron la disciplina, la obediencia y la perseverancia. Nunca me di por vencido, ni lo haré. Los que me conocen saben las tormentas que me ha tocado sortear.

Los que no llegaron simplemente no estaban interesados, y quienes lo hicimos fue porque nos comprometimos a vencernos a nosotros mismos. Yo pido a Dios sin reparos, a Él nunca se le acaban las ganas de darme, ni a mí tampoco las de pedirle. Tienes poco cuando pides poco y crees que no lo mereces todo. Pide más, mucho más, jamás te conformes.

UN DIAMANTE POR SU BRILLO Y ELEGANCIA CUANDO SU VALOR SUPREMO ESTÁ EN LA RESISTENCIA NO VALORES UN DIAMANTE POR SU BRILLO Y ELEGANCIA CUANDO SU VALOR SUPREMO ESTÁ EN LA RESISTENCIA NO VALORES UN DIAMANTE POR SU BRILLO Y ELEGANCIA CUANDO SU VALOR SUPREMO ESTÁ EN LA RESISTENCIA NO VALORES UN DIAMANTE POR SU BRILLO Y ELEGANCIA

COMIENCE A LEER AQUÍ

Solo pueden ser persistentes quienes se aman a sí mismos, y el amor propio se refleja en esa constancia. La concentración sostenida hacia una meta, sin dejar de avanzar, tarde o temprano te llevará al éxito.

El hábito de abandonar cuando sufres un tropiezo es el mayor asesino de sueños. Rompe con la costumbre de claudicar. Deja de meter material inservible en tu mente, corazón, hábitos y hogar. Desecha los pensamientos basura. Los pensamientos son poderosos cuando se combinan con la exactitud del propósito, la perseverancia, la fe y la disciplina.

Nos convertimos en los cinco pensamientos más constantes de nuestra mente, a esa visión nos dirigimos. ¿Qué estás pensando?, ¿cómo lo estás haciendo? y ¿por qué te dedicas a ese pensamiento?

¡Qué momentazo en la vida cuando dejas de parecer y comienzas a ser!

No respondas aún. Piensa, analiza, medita y repite. Eres lo que piensas. Dedica 10 minutos diarios a pensar y meditar en qué tipo de persona te quieres convertir. Hazlo con verdadero enfoque y entrega. Instituye en tu vida la ley de la perseverancia y de la repetición, haz una constante del buen pensar y comenzarás a sentirlo todo. Cada pensamiento negativo se convierte en una emoción contaminada, y una emoción contaminada engendrará actos y hábitos nocivos.

Cuando piensas, lo siembras; cuando sientes, lo riegas; cuando accionas, lo cosechas. En lugar de cansarte de perder la fe, cánsate de mover montañas.

La repetición es la madre del carácter y la habilidad. Practica y perfecciona su arte. Genera nuevos hábitos y entrena tu disciplina. Ser constante te permite encontrar la falla y el acierto. La repetición tiene como función enfatizar y derrumbar paredes, te permite colocar un «sí» donde había un «no»; es una sucesión de «fracasos» que te llevan al éxito. Falla, pero no falles olímpicamente, nadie celebra sus tropiezos sino los aprendizajes que estos traen consigo; debes ser capaz de tomarlos por el cuello y hacerles saber que nunca los dejarás volver. Haz que se vayan para que vengan otros mejores.

El amor propio no implica soberbia ni la perseverancia el que debas ir corriendo sin apreciar los momentos ni analizar en qué fallaste. Una razón por la que muchos tropiezos no contribuyen a nuestra transformación es porque deseamos pasar al siguiente capítulo con tanta ansiedad que no hacemos un alto para considerar seriamente lo que hemos vivido.

Nos apresuramos a salir de la situación y pasar a lo que sigue sin reflexionar en lo que hemos experimentado. Todo lleva prisa, todo es urgente, pero nada es tan importante como para no detenernos a analizar en qué gastamos las horas y, sobre todo, por quién lo hicimos. Revisa en qué usas tu tiempo, y si cada momento de tu vida siembra en la eternidad y no en algo pasajero, como tu existencia terrenal, estás en buen camino.

Queremos resultados rápidos, y la constancia está reñida con la impaciencia. Este mundo nos ofrece millones de comodidades, y cada día nuestra mente está más al servicio de ellas. Nos ha salido un caparazón al creer que el más pequeño esfuerzo ya nos da derecho a gozar de los frutos de la vida. ¿Cuánto hemos obrado realmente para ocupar ese papel? ¿Es nuestro logro auténtico? La humanidad no ha avanzado a través de moldes y estructuras, sino al romperlos y buscar nuevos horizontes en la constante necesidad de no ser mediocres. Ser constante es una virtud que pocos aplican y es fundamental para todo.

La repetición sin aprendizaje es la más pura de las necedades.

El ejercicio que te quiero dejar para este capítulo durará varios días, y no puede ser diferente si lo que queremos es desarrollar la perseverancia, pero no por eso será algo complicado —si tan solo entendiéramos que lo complejo casi nunca es complicado—. Va así: en el cuadro que encontrarás en la siguiente página vas a escribir cada día, durante dos semanas, qué has hecho por tus sueños. Hazlo antes de acostarte o temprano al día siguiente, si se hace más fácil, pero evita posponerlo más allá.

En aquellos días en que no hagas algo concreto, indica el porqué. ¿Qué te lo impidió? ¿Qué era eso que resultaba más importante que tus sueños?

Te invito a adoptar este ejercicio más allá del tiempo aquí establecido. Hazlo diariamente y vuelve a él cada semana o mes. Mira cuánto has hecho por vivir en cuerpo y alma y cuánto para darle de comer solo al cuerpo.

Algunas veces solo es necesario un pequeño esfuerzo para salir del letargo que te mantiene lejos de tu máximo potencial. Los inquebrantables siempre están dispuestos a arriesgarlo todo, no buscan garantías, prefieren hundirse antes de pensar que pueden perderse un momento de la vida. Camina hacia adelante, aunque te vayan arrancando pedazos de piel al caminar.

> **Para adelante siempre, que atrás ya está lleno.**

Dirán que fue suerte, pero es constancia. Lo achacarán a la casualidad, pero es disciplina. Pensarán que fuiste una moda, pero es tendencia porque trabajas de modo inagotable. La llamarán inteligencia, pero es sabiduría. Creerán que fue un milagro, pero es gracia.

Deja de pedir con vaguedad, deja de pedir confusamente, Él responderá a aquello que sea claro y específico. No bastará con tener fe al inicio, sino que será necesario mantenerla hasta ver tu oración cobrar vida.

Serás como roca: aunque las turbulentas aguas te cubran y te golpeen, emergerás de la blanca espuma triunfante, las olas vienen y van, pero tú siempre permanecerás. Confía aun sin fuerzas, aliméntate de lo eterno y levantarás vuelo, sí o sí.

No dejes de luchar. No pienses que las cosas que yo he alcanzado —muchas o pocas— han venido solas. Muy pocos logran las metas sin esfuerzo, y por lo general, estas no les no duran demasiado. Yo he escogido un camino continuo. Se equivocan quienes piensan que un día decidí ser conferencista y escritor, y todo lo demás llegó como por arte de magia.

	¿Qué hiciste por tus sueños?	¿Nada? ¿Qué te lo impidió ¿Qué fue tan importante?
Día 1		
Día 2		
Día 3		
Día 4		
Día 5		
Día 6		
Día 7		

	¿Qué hiciste por tus sueños?	**¿Nada?** ¿Qué te lo impidió ¿Qué fue tan importante?
Día 8		
Día 9		
Día 10		
Día 11		
Día 12		
Día 13		
Día 14		

No se decreta ser inquebrantable. Es un reto constante, hice mucho antes de escribir contigo estas páginas, lo hago mientras redactas tu parte, y lo haré en el futuro porque de lo contrario dejaría de ser quien soy.

Sin haber cumplido los 40 años, acumulo cerca de 30 de carrera, de los cuales son casi 20 como emprendedor y empresario. Estoy aquí gracias a mis aciertos, y sobre todo, a mis fallos. Me he entregado en la dimensión profesional, empresarial y humana. El dolor ha sido una de mis herramientas de construcción.

Me llaman soñador, y paradójicamente, duermo poco.

Tomé ese dolor y lo convertí en constancia. Esto lo comparto con profundo amor y genuina humildad. Lo escribo aquí con la intención de evidenciar que sí se puede, pero no de la noche a la mañana. En ese tiempo, pensé miles de veces que jamás ocurriría, pero nunca dejé de remar, aunque la corriente me empujara al borde de la cascada.

Cuando enfatizo que luché, que me esforcé o que fallé, no pienses que me refiero a tormentos y aflicciones; no, los momentos que dedicas a tu propósito serán los más gratificantes de tu vida, y si no lo son, quizás vayas por el sendero equivocado. Quien hace lo que realmente ama no necesita vacaciones, quien persigue lo que ama no diferencia un lunes de un viernes. ¿Quién quiere tomar una pausa cuando hace lo que le llena el alma?

Nunca me llovieron las oportunidades, tuve que fajarme duro y sudar aún más para fraguarlas. Mientras eso sucedía, personas que prometían mucho más que yo salían cada

semana de jueves a domingo; y yo debía descalabrarme de lunes a domingo y esforzarme para conseguir mis sueños.

No voy a repetir la historia de que vendí desde paletas de helado hasta sándwiches, ya la conoces. Lo que quiero es recordar que cientos de veces me equivoqué, que en múltiples ocasiones fui el peor empleado, el peor jefe y hasta el peor hijo. Las consecuencias de mi pasión y de mi temperamento no siempre fueron buenas; mi riguroso modo de enfrentar el miedo me llevó a grandes éxitos, pero también a estrepitosas caídas.

Atesoro el recuerdo de las humillaciones y de los portazos en la cara. Así subí hasta ser director de nueve compañías y el líder de cientos de empleados. Desde esa altura me desplomé hasta el fondo del abismo. Allí estaba Dios —que está en todos lados—, y Él me forjó en el desierto de manera profunda. Agradezco infinitamente el haber llegado hasta allí.

Yo seguiré en brega, porque esta historia no termina hasta que Dios pulse la tecla del punto final. Mientras tanto, seguiré expandiéndome más allá de mis talentos y dones aparentes, quiero ir a lugares a donde otros no han querido llegar porque el precio es demasiado alto, pero te aseguro que he recibido más bendiciones por disciplinado y tenaz que por todos mis talentos juntos.

No importa con cuánta fuerza lo intentas, lo que importa es cuántas veces regresas y lo repites.

El que va conmigo me sostiene con Su diestra, lo sé, deberías saber que también lo hará contigo, porque a todos nos ama por igual. No le falles, ámate y gánate esa batalla.

NO TOLERES

Miles y miles de genios que no son reconocidos y que viven en la quiebra. Gente que no alcanzó ni la quinta parte de lo que pudo ser. Tus talentos y tus dones son un vehículo, son un camino, son herramientas poderosas de construcción, pero de nada sirven si no las acompaña la constancia, la capacidad de ejecutar, una fiera voluntad y la claridad de propósito. Son estos factores, por encima de los talentos, los que te asegurarán resistencia ante las adversidades que con toda certeza enfrentarás.

Deja de tolerar lo que no te bendice ni te suma. Tolerar suele ser un problema:

Tolerar lo mediocre, tarde o temprano te hará mediocre.

Tolerar el mal, tarde o temprano te llevará a aceptar la maldad.

Tolerar el miedo, tarde o temprano te convertirá en un miedoso.

Tolerar tu pobreza es aceptarla y vivirla como si esto fuera un designio.

Millones y millones de jóvenes y emprendedores se condenan solos a la pobreza y a la desventura al darle importancia a algún comentario de quienes les reservaron un lugar en la miseria.

Si solo supieras que eres la única causa de tu propio infortunio, que la redundancia de ideas contaminadas te ha negado la prosperidad. Estas son como parásitos de tu subconsciente, se alimentan de tu voluntad y desde allí determinan la calidad de tus pensamientos y emociones, los llevan al plano físico donde, a través de ti, dan forma a esa realidad negativa que solo existía en tu mente.

¡Levántate, carajo! Deja de llorar, que el tiempo se te está acabando. Cada día de limitaciones que toleras es un día menos para cumplir tus sueños. Y mientras tú te quejas, alguien se está comiendo tu pastel. Eleva los estándares de tu vida, deja de consentir tus errores, expulsa a la apatía y los malos hábitos, deja de aceptar que abusen de ti, deja de permitir que alguien más se robe lo que es tuyo. Deja de tolerar. Deja de decir: «Así me tocó vivir», «estas son mis circunstancias», «mi abuelo fue un perdedor» o «mi papá es un perdedor, y yo también lo seré».

No toleres. Si naciste pobre será un reto, pero si mueres pobre será tu responsabilidad, porque tu espíritu es un tesoro.

Vive más, exígete más y da más, no existe el éxito de la noche a la mañana, ¡Saca de una buena vez los colmillos y muerde!

Deja de tolerar, y no te des por vencido nunca más.

Capítulo 9

Antorchas humanas

Creo en mi corazón, siempre vertido,
pero nunca vaciado.
Gabriela Mistral

Hasta ahora hemos dedicado tiempo a hablar de nosotros, a apertrechar tu mochila con los elementos básicos para el camino por venir. Llega entonces el momento de centrarnos en ti, pero esta vez introduciremos algunos elementos que te permitirán estar más cerca de aquellos a quienes deseas apoyar.

En ciertos círculos se desdeña el rol del motivador como si fuera una tarea sencilla, una que consiste simplemente en la combinación de frases impactantes que arrancan una lágrima o tallan una sonrisa sin efecto alguno en los espíritus de quienes las escuchan. Muchos dirán que es realmente fácil decirlo, pero que algunas veces el peso de las circunstancias aplasta las ganas de salir adelante.

Yo me pregunto por qué necesitas motivación. ¿Acaso vivir no es suficiente?

Y tú me responderás:

—Mira, Daniel, si supieras cómo ha sido mi vida, no la llamarías vivir.

Y te daré la razón:

—Es cierto, porque hay gente que lleva 20 años muerta y de todos modos siguen caminando por allí.

¿Qué te pasó? ¿Qué perdiste?, ¿el trabajo? Pues, anda y consíguete otro. ¿Un amor?, entonces sal y esta vez enamórate de ti.

¿Te abandonaron?, ¿te traicionaron?, ¿te equivocaste? Puedes quedarte con eso, o asumir que te han abierto nuevas oportunidades.

No todos los que están enterrados vivieron.

❧

¿No tienes dinero?, entonces es el momento de ser creativo, de innovar. Ahora tienes una gran ventaja sobre quienes ya hicieron fortuna, porque ellos posiblemente tendrán miedo de perderla. No sufrirás, como ellos, a causa de los grilletes de un patrón establecido por éxitos pasados. Tú eres libre de escoger la aventura y dejarles el equilibro. Y ¿qué es esta vida sino una tremenda aventura con desiertos, tempestades y algunas calmas, por supuesto? Los capitanes solo se

SI LA VIDA TE APUNTA

A MATAR,

DILE QUE DISPARE.

hacen en la tormenta, nadie quiere construir un barco para dejarlo atado en el muelle.

Es el momento de cambiar. Si has sido igual toda tu vida, ¿no crees que ya es hora de ser mejor? No quiero que lo hagas cuando termines de leer esta página, ni en un mes. Quiero que lo hagas ahora: deja el libro y hazlo, consigue que suceda algo nuevo.

Quien está dispuesto a apostar su vida por sus convicciones está condenado al éxito.

Revientas de dones y talentos, pero no sabes dónde encontrarlos. Deja de insultarte por la forma de tu cuerpo o por la de tu nariz, por tu exceso de panza o tu falta de pelo. Deja de quejarte por ser pobre, sin títulos o porque sientes que te pesan los años. Si le dijeras a tus amigos las cosas que te dices a ti, ¿serían aún tus amigos? Si te comieras tus palabras ¿estarías nutriéndote o envenenándote?

Sé que es difícil y que cuesta trabajo, pero si yo emergiera del papel, te pusiera un revólver en la frente y te dijera que cambiaras, ¿no buscarías todos los recursos necesarios para hacerlo? ¿No es eso mismo lo que la vida hace contigo?, te presiona para que reacciones, porque solo en la adversidad nos superamos. Es en momentos como esos cuando debes hacer lo necesario para que cada paso te acerque a la meta. Deja de tener un listado de deseos, empieza a dominar tu mente y ponla al servicio de tu espíritu.

Ama tus cicatrices, presume de tus rasguños y fracturas, utilízalos a tu favor. No puedes conquistar nuevas tierras con un alma de víctima. ¡Ve y pelea tu batalla! Tú decides quién eres, no las circunstancias, no los demás. Lo que pasó, pasó. Nada es permanente. No asumas tu escenario actual como un estado final.

Si quieres la grandeza, deja de pedir permiso y ve por ella sin que te importe un rábano lo que piensen de ti. Tratarán de definir tu destino, pero debes ser tú quien lo haga. Mantente con hambre, tritura el dolor, extirpa el rencor y doblega la ira. Saca la amargura de tu ser. Perdónate, y entonces perdonarás. No caigas en la necedad, porque cada batalla que asumes es una lucha contra ti, y nadie más.

> **No vivas la vida que te tocó, vive la vida que quieres.**

Es extremadamente importante que comprendas qué te motiva, en especial si intentas ayudar a otros. Debes tener sumamente claro que al apoyar a alguien realmente lo estás levantando para que alcance sus sueños, no hundiéndolo en la zanja que cavaron otros.

Es terrible cumplir las expectativas de todos y que además, estas terminen por controlarnos. Nos sentimos obligados a cumplir con los antojos de padres, maestros, parejas y círculo social. Incluso en la actualidad conozco personas (algunas mayores que yo) que sufren ante el dilema de seguir cumpliendo con las expectativas de sus padres o de lanzarse de una vez a conquistar aquellas que algún día tuvieron. Otros gravitan entre la duda, la baja autoestima y el miedo al *qué dirán* y se inquietan por complacer pensamientos y deseos ajenos.

Quienes viven así, algunas veces logran satisfacer a otros, pero nunca complacerse a sí mismos.

Ser influenciado por las opiniones solo te hará extraviar tu propósito. Hoy existen millones de emprendedores de todas las edades que se han condenado a la pobreza o al infortunio por culpa de alguna crítica fuera de lugar, comentarios que de antemano sentenciaban un fracaso rotundo. Calcinados en la hoguera del descrédito y la desconfianza, quienes pudieron un día ser emprendedores, hoy están convencidos de que existe una fuerza extraña que no pueden controlar y se sienten herederos de la ruina.

> **Ni la enfermedad,
> ni la pobreza,
> ni la soledad,
> ni la muerte:
> vivir sin propósito
> es la peor de
> las tragedias.**

Durante miles de años, los más grandes filósofos han discutido sobre el sentido de la vida. La filosofía es un tema de gran utilidad, pero cuando precisamos definir el significado de la existencia no vamos más allá de la especulación. No todas las puertas que dicen «Éxito» esconden tu propósito. Somos lo que decidimos ser, el mundo es como determinamos que sea. Pudiste haber perdido todo, pero aún tienes el resto de tus días para recuperarlo.

Me gusta pensar que todos podemos ser como el fuego de una antorcha en la oscuridad, una que arda e ilumine sin apagarse a pesar de los vientos en contra. Una cuyo resplandor provenga de su propósito, que no es más que el encender otra antorcha, y la meta final es prender un fuego que nos ilumine el camino a todos. Aquello que te incendie por dentro es lo que vas a irradiar.

Todas las luces iluminan, pero no todas dan calor. Hay quienes caminan a ciegas porque lo hacen con la luz de otros, pero están a oscuras por dentro. Es por esto que muchos han salido de la oscuridad sin que la oscuridad salga de ellos. Te dirán que no eres capaz, que eres un perdedor, un exiliado, un perseguido, un impuro, un condenado, un pecador, un fracasado, un tonto o un débil. Pero tú no perteneces a la oscuridad.

Es cuando actúas como eres en realidad, sin máscaras ni pretensiones, que las cosas empiezan a cambiar. Deja de enfocarte en lo que no tiene sentido ni valor, de maximizar tus carencias, de ponerlas como pretexto y tirarte a llorar delante de ellas.

> **Mírate al espejo, y si ves a un cobarde dile que se largue, porque en tu corazón no caben los dos.**

No otorgues ni un solo gramo de importancia a las opiniones que los demás tienen sobre ti; debes saber quién eres, pero no des la espalda a los consejos ni a la sabiduría, aprende a escuchar sin que tu mente pierda el foco.

¡Esfuérzate! ¡Sé valiente! Es la única manera de lograrlo. No temas, porque esta vida se come a los cobardes. Apuesta con fe todas tus fichas y aprende a verte como Dios te ve.

Quiero entregarte la fórmula que ha regido mi vida durante todos estos años de caerme y levantarme, de desmoronarme y restablecerme, de hundirme y de surgir. En todo ese tiempo me ha guiado una proporción infalible:

51 % imaginación + 49 % sudoración.

Con esa receta en mente toma un tiempo para responder estas preguntas:

¿Qué podrías hacer 24 horas al día, los 7 días de la semana, sin que te pagaran?

¿Qué harías si tuvieras lo que, según tú, hoy te falta?

¿Qué es lo peor que pudiera ocurrirte si lo intentas?

¿Qué dirige tus actos?

Ahora quiero que pienses con profundidad tus respuestas. No es necesario que escribas tus reflexiones, pero hazlo si quieres.

¿Existe eso que harías por puro placer?

Puedes tener un «no» como respuesta. No todos saben lo que desean, no todos tienen claro su propósito. No te avergüences, pero debes saber que necesitas una larga sesión a solas contigo. Si aún no lo encuentras, hay una dirección que, de seguirla, te ayudará a encontrarlo: ve y sirve a los demás, te aseguro que ahí hallarás una mina inagotable de paz, gozo y felicidad, llenarás tus maletas de gratitud y sabiduría.

Guarda tu respuesta ya que pronto regresaremos a buscarla.

¿Realmente necesitas algo para emprender lo que deseas?

Si hoy te regalaran el dinero necesario para iniciar ese negocio que tanto ambicionas, ¿lo harías o te quedarías con él? En ocasiones, no deseamos tanto un proyecto como los placeres que este nos daría. Es maravilloso tener dinero, pero es mucho mejor cuando lo producimos haciendo algo que, además, nos llena el alma. Si en una mano pusiera todo

el dinero que necesita tu proyecto y en la otra, toda la satisfacción que obtendrías de él, ¿cuál escogerías?

*¿El resultado de actuar desembocaría en una vida muy
diferente a la que tienes hoy?*

Es importante considerar que en innumerables ocasiones no hacemos lo que deseamos hacer porque le tememos a unas consecuencias que no son peores que la vida
que tenemos ahora. Esa es la forma de pensar que nos ata a
trabajos miserables durante años, nos enjaula en relaciones
abusivas que nos llenan de infelicidad y provoca que nos
conformemos con no llorar cuando pudiéramos explotar a
carcajadas.

Ante la pregunta de lo que rige tu vida, piensa: ¿es realmente algo que vale el sacrificio? Si has puesto a Dios en
ese recuadro, sí que lo vale, ¿tienes seguridad de que te
conducirías igual si Él guiara tus actos?

Si tu respuesta es sí, ya no hace falta que respondas la
siguiente pregunta:

¿Eres feliz?

☐ Sí

☐ No

Si el túnel está oscuro,
se tú la luz que lo

ILUMINE.

RODÉATE DE GIGANTES

Rodéate de gigantes espirituales y no de enanos mentales. Los chismosos y los criticones siempre parecerán más atractivos y, posiblemente, más interesantes porque ellos viven en la rebeldía sin propósito.

El mundo dice: «Divide y vencerás», pero la ecuación positiva es: «Une y te multiplicarás». Date cuenta: a los individualistas siempre los aplasta una multitud que viene en su contra. Hay personas tan buenas para los pretextos que jamás lo serán para el éxito; esos irresponsables que no saben aceptar las consecuencias de sus actos, para quienes todo siempre acontece fuera de sus manos, disparan culpas y fabrican argumentos que justifican su propia ruina.

Si decides dormir o salir de fiesta cada noche, ver la tele durante el día, vivir esperando el fin de semana y terminas quejándote de todo, pero no lo das todo, solo te pido algo: no te arrepientas cuando la rutina toque a tu puerta y eche raíces en tu vida. No podemos arrepentirnos de las decisiones que hemos tomado sabiendo lo que hacemos.

Si no sabes la diferencia entre «ves» y «vez» es porque siempre *ves* televisión y rara *vez* abres un libro. Es tiempo de cambiar, vivir en crecimiento. ¿Quién quiere ser como ayer?

Si eres de los que sentencian: «Bueno, si me va a amar, que me ame como soy». ¡Pues no! Si eres grosero, patán y mentiroso, si no te bañas todos los días, no te perfumas, ni te cepillas, no trabajas y luces como recién sacado de la ropa sucia, si eres un imbécil, un alzado y un prepotente; si le prometes que le bajarás la luna y las estrellas, pero no le bajas ni las cervezas; si no muestras interés en progresar y acumulas vicios como si los coleccionaras; si no eres detallista, no tienes un plan, ni sientes pasión, no esperes que nadie te quiera tal «como eres».

Podrán quebrarme una pierna, un brazo o una costilla, pero jamás podrán quebrarme el espíritu, y cuando escribo «jamás», deseo que leas «JAMÁS». El tiempo se detiene y pierde por completo su valor.

> **¡Elévate! Eres un gigante, pero antes debes despedir al enano que te controla.**

Hace muchos años, en una de las peores crisis de mi vida, recuerdo haber visto mi reflejo en un espejo roto y entendí que los golpes habían modificado mi molde original. Recordé que todos estamos hechos para las alturas, pero en ocasiones, por temor de que nos llamen «locos» nos detenemos y escuchamos a los que se arrastran. Ese reflejo me decía cuán breves somos.

Aprendí que para ser un gigante primero debía doblar mis rodillas y entregarle mi vida al gigante del cosmos. Él tomó lo roto y lo desgarrado, lo pulió contra la roca más dura y me hizo capitán en la tormenta. Luego curó mis heridas, peinó mis alas y me envió a matar titanes.

Yo siempre estoy ardiendo, mi pasión no es una emoción, no es una actuación, es una descarga de alto voltaje, es la química en la mística de mi alma, es una reacción involuntaria que rompe por completo mi voluntad que no se rige por la temperatura del corazón, sino por la fuerza del espíritu humano.

Cada día somos más quienes escuchamos el sonar de la trompeta y gritamos: «¡Henos aquí, listos para la batalla, victoriosos en un mundo que ya perdió!».

Rodéate de gigantes espirituales.

Cuando pienses en tus sueños y la duda comience a minar tu vista, aplasta la incertidumbre con las promesas del Eterno.

Aférrate con acento, aférrate a la vida y a la fe. Mañana el sol saldrá esplendoroso o es posible que salga detrás de las nubes, pero te aseguro que saldrá.

He peleado con los Judas, pero ellos solitos se ahorcan.

Tu discapacidad emocional se quita con capacidad espiritual: cuando encuentras a Dios, la búsqueda termina, pero la travesía comienza.

Capítulo 10

Sube como un *sherpa*

Se buscan hombres para viaje peligroso. Sueldo escaso.
Frío extremo. Largos meses de completa oscuridad.
Peligro constante. No se asegura el regreso.
Honor y reconocimiento en caso de éxito.

Ernest Shackleton

E n el capítulo anterior escribimos sobre las cosas que nos llenan el tanque del alma y cómo debemos obtener de ellas la tracción necesaria para avanzar en los pantanos y los desiertos que recorremos. Ahora revisaremos los elementos que nos permiten tender un puente entre nuestra motivación y la forma de impulsar a otros.

«Líderes» es el único nombre que conozco para referirme a quienes logran sacar lo mejor de su entorno. El liderazgo no es un rasgo ni un rango, no es una posición ni una ocupación. El liderazgo es una decisión, es sacrificio y vocación. Es una entrega que valdrá el riesgo.

El liderazgo tiene un precio: dar todo tu valor por los demás.

No quiero que pienses que este capítulo no es para ti si no tienes ningún equipo que liderar en el sentido formal del término, o si aún ocupas el último peldaño en la jerarquía de tu empresa. El liderazgo trasciende estas posiciones para que tú decidas qué tan grande es el espacio que quieres inspirar. Yo he impartido cursos y talleres en cientos de empresas, y en incontables oportunidades consigo líderes sin cargo ni título más allá del tamaño de su pasión y la grandeza de su ejemplo.

Si bien dedicaremos un segmento al liderazgo en las empresas, los mismos principios se aplican para tu familia, tu grupo de estudios, tu comunidad o algún otro grupo social al que pertenezcas.

Me gustaría que borres de tu mente la imagen del líder como esa persona que está sentada en una oficina. La mayoría de ellos son jefes, no líderes, ni mucho menos mentores. Tampoco le pongas a tu definición de liderazgo el rostro de un político o de un dirigente religioso solo porque miles de personas los siguen. Eso es fama o popularidad. El liderazgo no debe medirse por la cantidad de seguidores, sino por las transformaciones positivas que eres capaz de generar en

Si tus
sueños
son muy

GRANDES,

no se
los cuentes
a mentes
pequeñas.

ellos, por los avances que cada individuo hace por sí mismo y por lo que inspira en el colectivo.

No porque tengas autoridad sobre alguien significa que eres su líder. La distancia entre el liderazgo y la autoridad es abismal, ya que si no estás dispuesto a dar la cara por quienes te siguen, entonces no mereces que ellos pongan sus pasos junto a los tuyos, sin importar qué tan grande sea el gráfico que, colgado en la pared, establece esa autoridad.

El amor es un proceso que proviene de la sinergia: cuanto más se da, más se refuerza y se multiplica. Ningún lugar queda lejos cuando de servir se trata. Un inquebrantable nunca estará demasiado cansado ni pensará que es demasiado tarde cuando exista la posibilidad de ir y amar a alguien. El trato justo y el comportamiento humanitario son dos características que deben definirlos. Con esas banderas delinearán una disciplina férrea que se aplique con rectitud y excelencia.

Aun cuando tiene su raíz en el amor, el liderazgo entendido como entrega no es un proceso fácil. Quien sueña con ser un líder, debe acostumbrarse a las risas y a las críticas. Siempre habrá alguien dispuesto a impedir que otros se atrevan a hacer lo que ellos nunca intentarían.

Nunca te detengas por las opiniones de los demás, aclara tu norte y camina a pesar de recibir piedras en todo el camino. Recuerda que un sueño roto también sirve como ladrillo para construir otro incluso más grande. La murmuración no tiene cabida en una mente fortalecida por objetivos claros, siempre existirá una persona que quiera romper tus rodillas, que critica porque no tiene tus talentos, ni tus dones, personas que fantasean con poder conquistar sin esfuerzo lo que tú conquistaste dejándote la piel. Al no poder superarte, tratarán de hundirte hasta su nivel. Son cangrejos, son y serán rémoras si no cambian su manera de pensar y de creer.

Cuando decidí salirme del molde, sabía lo que me esperaba. Sabía que recibiría dagas y flechas; pero al final, detrás del amor y la motivación de cada acto que empuja mi vela está el soplo del Maestro. Con eso me basta para resistir, porque las mentes inteligentes y los espíritus llenos de lo alto siempre están dispuestos a aprender, siempre tienen los oídos abiertos al entendi miento y no se desvían del propósito de su vida.

Quienes buscan conocimiento quieren ser *libros*. Quienes abrazan la sabiduría quieren ser *libres*.

El primer paso para liderar a otros es liderarte a ti mismo. Resulta estéril seguir a alguien que no sabe a dónde va. Un líder que no tiene un destino definido, ni una ruta trazada terminará por diluirse entre la multitud.

En el caso específico del liderazgo que se ejerce en empresas y organizaciones, se debe dar la cara por la gente, sin excusas ni pretextos: el líder asume la responsabilidad de las faltas y los errores de aquellos a quienes intenta formar.

Esto es de vital importancia porque, a pesar de ser un líder amoroso, firme y de carácter, no siempre el error está en el líder, quien debe poner el pecho sin reservas. Esto me hace pensar en Judas, él tuvo el mejor maestro, el líder por excelencia, compartió junto con otros la pasión y la visión; sin embargo, no logró levantarse de la mesa transformado, y prefirió un camino sin espinas, aunque sabía que la espina era él.

Te pondré un ejemplo: escoges amigos y familiares para un emprendimiento porque confías en ellos y es todo lo que puedes pagar, pero resulta que no tienen las habilidades para hacer los trabajos que les asignaste. Entonces, buscas personas capacitadas para llevar tu negocio, pero no confías en ellos y no comparten tu pasión. De esta forma, encontrar personas que tengan las destrezas, que sean dignos de confianza y que, al mismo tiempo, compartan tu pasión para operar y hacer crecer tu compañía, no solo será un trabajo tuyo, sino también una responsabilidad inherente a tu liderazgo. Además, un ingrediente importante será la inspiración que seas capaz de inyectar en la sangre de tu equipo. Si eres el líder y te quejas de ellos, el siguiente integrante a cambiar debes ser tú.

Siguiendo en el ejemplo anterior, tendrás que tomar decisiones duras y crudas si quieres subir de nivel; no todos tus amigos y familiares podrán formar parte de tu equipo, pues, cuanto más amplio sea el panorama, más elevados deben ser los estándares de quienes construyan el futuro contigo. Necesitas escoger personas que sumen valor y agreguen significado, y que no solo hagan su trabajo.

Por esto, prepárate para los juicios y los reproches, las acusaciones y las consecuencias que conlleva confiar y entregar el beneficio de la duda a los amigos y los familiares.

Sin abandonar tus afectos deberás construir, a través del amor y la disciplina, una familia que se convierta en un equipo de alto rendimiento.

Cuando hayas avanzado, debes saber que en la comodidad encontrarás el peor de los enemigos a la hora de estimular a un grupo: aquellos que tengan miedo del siguiente nivel serán precisamente los que se sienten cómodos donde están, tratarán de entorpecer el trabajo y serán un tormento para ti como líder y para sus compañeros de equipo. Serán estos quienes esparzan historias de fracaso y que contagien el pánico ante la incertidumbre, estos deben ser arrancados de inmediato, antes de que crezcan como espigas que sequen la visión de todos.

La paz será árbitra de tus decisiones.

Un verdadero líder pule diariamente los errores de ayer, no tolera el no haber progresado en cada interacción y antes de exigirle a otros, se exige a sí mismo. Pon el ejemplo con tus hechos, la mediocridad de otros no debe menguar tus deseos de excelencia.

La firmeza es un aspecto fundamental, junto a la intuición profunda de tu espíritu y en sintonía con tu mente y corazón, son el GPS para tomar tus decisiones como líder. No todos podrán subir a la cúspide, y menos si ya han recibido las advertencias necesarias y continúan convirtiendo sus errores en un riesgo insostenible. Tendrás que ser tan frío como la situación lo amerite, y diagnosticar las consecuencias de mantenerlos en el equipo y cuando te sientas mal porque debas tomar una decisión que implique dejar abajo a los que estorban y conspiran contra el proyecto colectivo, recuerda que por una persona podrían quedarse todos y, además, su lugar pudiera ser ocupado por alguien que sí estalle en deseos de escalar.

Cuando bajes, los que se quedaron estarán ahí deseando verte caer, pero la diferencia es que tú tuviste una aventura real mientras que la de ellos fue un deseo que no pasó del «Pudo ser».

Y al final descenderás, como un *sherpa*, como un guía que lleva a otros a la cima del Everest y luego desciende en sana paz, sin extrañar lo que ha dejado arriba, porque el placer de llevar a otros no se compara con ningún otro.

No te conviertas en un líder que acumula seguidores, sé uno que forme líderes. Llegó la hora de sembrar, regar y cosechar líderes. El conformismo resulta una enfermedad en el mundo empresarial, pero también en nuestro sistema educativo, en nuestra interacción con instituciones y la política.

Si no cambiamos a los nuestros, si no los preparamos para hacerse dueños de su destino, terminarán devorados por los lobos, y nosotros con ellos. Esta es una función que debes combinar con tu pasión, es una carga que debes sostener con alegría. Si no estás dispuesto a arriesgar nada por los otros, o cambiar tú para que ellos progresen, no mereces liderar a nadie. Los mayores transformadores sociales tienen en común que han dado su vida por el engrandecimiento de muchos otros. Ejemplos hay muchos, pero ¿qué me dices de Jesús? Él es el único líder que yo conozco que era igualito a Su mensaje.

Si no sabes sonreír, reír, amar, perdonar, ayudar, servir, enseñar, no eres un líder, solo eres un jefe. El liderazgo es un proceso bidireccional, tienes que aprender a recibir para crecer con lo que das.

En esta oportunidad, no quiero llevarte a un ejercicio muy complejo. Por el contrario, será algo muy sencillo. Quiero que respondas dos breves cuestionarios y coloques los resultados en un gráfico.

No hay nadie más vacío que aquella persona que está llena de sí misma.

Yo responderé una pregunta de ejemplo, y tú podrás replicar con el resto.

En una escala del 1 al 5, donde 1 es *Nada importante* y 5 es *Muy importante*, qué tan importante es para ti que un líder tenga:

	1	2	3	4	5
Foco en resultados					

Supón que consideras que tener *foco en resultados* es importante para un líder, pero no a un nivel extremo, puedes concederle un cuatro (4).

	1	2	3	4	5
Foco en resultados				✓	

Luego, buscarás «Foco en resultados» en el gráfico, al final del capítulo, y pondrás un punto en el cuatro.

Buscaremos el 4 en el criterio que estamos evaluando y lo marcamos.

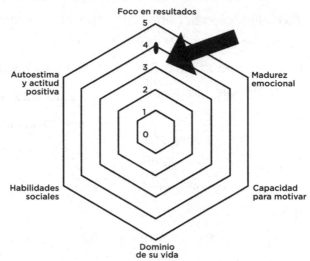

Cuando termines de responder todas las preguntas, unirás los puntos y obtendrás una imagen como esta:

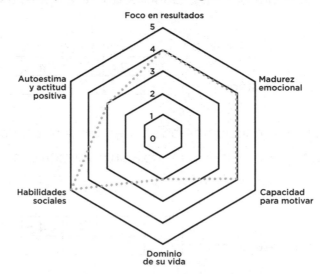

Cuando hagas esto, responderás otro sencillo cuestionario; repetirás el proceso y harás la segunda línea, con otro color, así es como se verá:

La idea es que al final compares ambas evaluaciones; compares las líneas y los atributos de liderazgo.

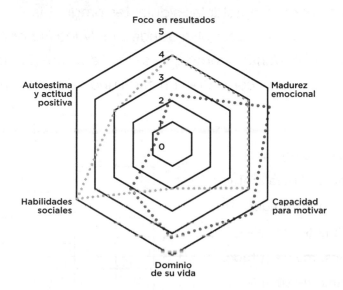

Ya que sabes qué hacer, puedes responder las preguntas:

En una escala del 1 al 5, donde 1 es *Nada importante* y 5 es *Muy importante*, ¿qué tan importante es para ti que un líder tenga?

	1	2	3	4	5
Madurez emocional					
Capacidad para motivar					
Foco en resultados					
Habilidades sociales					
Autoestima y actitud positiva.					
Dominio de su vida					

Una vez que pongas los puntos en el gráfico que está al final del capítulo y los unas para tener la primera línea, regresa para completar las siguientes preguntas:

En una escala del 1 al 5, donde 1 es *Nada importante* y 5 es *Muy importante*, ¿cómo crees que te evaluarían las personas que están cerca de ti en cada uno de estos atributos?

	1	2	3	4	5
Madurez emocional					
Capacidad para motivar					
Foco en resultados					
Habilidades sociales					
Autoestima y actitud positiva.					
Dominio de su vida					

Creo que ya has adivinado. Cuando hagas la línea de este segundo grupo de preguntas, tendrás una comparación entre tu líder ideal y dónde estás tú. Pues bien, habrá una serie de diferencias que debes revisar.

Por ejemplo, imagina que consideraste como muy importante la autoestima y le pusiste un 5, pero en la autoevaluación digamos que colocaste un 3. Ya sabes que en este ejemplo, *autoestima* sería una dimensión que debes revisar.

Insisto, el liderazgo es importante en todas las facetas de tu vida, no solo en la profesional o la empresarial. Revisa tus atributos y comienza a guiar la escalada a la cima.

Si quieres llevar este ejercicio más allá, puedes incluir nuevos criterios a la tu lista de atributos. Recuerda que si incluyes demasiados puedes complicar la interpretación

EXCUSAS.

Yo prefiero la gente
que tiene más ganas que

del gráfico, pero si haces muy pocos, tendrás una visión limitada de tus capacidades. Si deseas dar el paso, aquí te dejo una lista de opciones con que puedes trabajar:

Desarrollo espiritual

Formación académica

Creatividad

Audacia

Prudencia

Capacidad de soñar

Realista

Sano sentido del humor

Congruencia y coherencia entre su vida privada y pública

Aspecto personal

SUBE COMO UN *SHERPA*

En repetidas ocasiones, se nos oculta el propósito de nuestras vidas. En esos momentos, nuestros pasos son dados con incertidumbre y temor como si camináramos en la oscuridad agobiante de una madrugada sumergida en la niebla. Cuando esto sucede, nuestras decisiones se tambalean y la angustia nos ciega, no nos deja tomar con certeza y sabiduría los fallos más trascendentales.

No desesperes, cuando la zozobra te invada ante el abandono aparente, más seguridad debes tener de que el Maestro está en control de cada segundo. Sin importar el tamaño de tu problema, angustia o miedo; Él tiene dominada la situación, aunque tú no lo veas.

Déjame hacerte una pregunta. ¿Qué es lo que te detiene? ¿Desde cuándo solo anhelas ver la cumbre y te dices: «Ojalá yo pudiera estar allí»? Hoy puedes ver las cúspides de tu vida como obstáculos o como oportunidades; la decisión es tuya. Puedes rendirte ante tus miedos o continuar escalando. La decisión también es tuya.

La resiliencia te equipará para ajustarte a los cambios radicales e injustos de la vida. Tu fortaleza y profundidad espiritual son demostradas por tu capacidad de ponerte de pie una vez más, son validadas por el deseo de seguir, aunque no veas la cúspide, aunque la meta permanezca oculta tras la densa neblina.

No será la distancia lo que te separa de la cima, aunque estés a miles de kilómetros, sino el miedo, la pereza, la apatía y el desánimo los que acrecientan la brecha. Aunque todo parezca en vano, no te rindas. Tú sigue.

Y cuando te calces las botas y decidas volver a emprender el ascenso a la cuesta, sube como un *sherpa*, lleva a otros contigo.

Sube como un *sherpa*, no vayas solo.

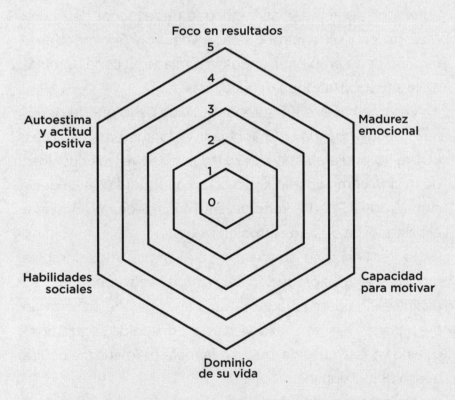

Para tomar esta prueba en línea,
visítanos en www.testinquebrantables.com

Capítulo 11

Definirte es limitarte

Y una vez que la tormenta termine,
no recordarás cómo lo lograste, cómo sobreviviste.
Ni siquiera estarás seguro si la tormenta
ha terminado realmente.
Aunque una cosa si es segura:
cuando salgas de esa tormenta,
no serás la misma persona que entró en ella.
Haruki Murakami

El primer paso para poder influenciar a quienes te rodean es conseguir un cambio en ti. Como ya escribimos en el capítulo anterior, son muchos quienes exigen que los demás avancen 15 leguas, pero no son capaces de convencerse a sí mismos de dar un simple paso. El ejemplo es el arma más poderosa para ayudar a otros; para ser agentes de cambio, se hace fundamental emprender primero una transformación personal en todos los escenarios de la vida.

Este cambio es esa lucha de la que hablábamos unas páginas atrás, es esa batalla en la que una mejor versión de ti te derrumba, se impone y emerge victoriosa.

Te preocupan los problemas finitos cuando tienes un Dios infinito.

La mayoría de nosotros vive pensando en lo finito, vive para vencer a los demás. Los inquebrantables piensan y viven para vencerse a sí mismos.

Creemos que el cambio implica una pérdida, pero perder aquello que alimenta nuestros hábitos contaminados y nos destruye —aun cuando nos produzca placer— es una excelente forma de ganar.

Con frecuencia, el ser humano comete el error de depender del peligro para justificar su existencia o simplemente para sentirse vivo. Es por ello que nos premiamos con aquello que nos hace daño. No medimos las consecuencias porque estas no suelen estar en el presente, sino en el futuro, y creemos que les haremos frente en el momento de la verdad, pero la realidad es otra. Nuestra vida se ve dirigida por las reacciones ante el dolor y el placer, en lugar de dejar conducirnos por la sabiduría, el espíritu o el entendimiento profundo de la mente.

SON TAN NECIOS

que creen que las piedras
tropiezan con ellos.

No debemos permitir que todo aquello que sucede alrededor de nosotros determine las circunstancias, la calidad y la trayectoria de nuestra vida. Reaccionamos a los conflictos externos del mismo modo que enfrentamos los internos. Busca adentro, no afuera y verás que estás más dispuesto a hacer algo por evitar el dolor, que por sentir placer.

¿Cuántas veces dijiste «no» sabiendo que debías responder «sí», solo por pensar que ponías en juego tu orgullo? Las emociones asociadas equivocadamente crean hábitos erróneos que el intelecto no logra romper por mucho que la mente se lo proponga.

La necedad es una discapacidad cuando la ignorancia y la soberbia son los vehículos que la transportan.

No hay mayor necedad que decir: «Yo soy así». ¿Qué tal si «ser así» es el motivo que te impide ser quien quieres ser? ¿Cuántas veces tu alma, tu corazón y tu espíritu han coincidido en que necesitas un cambio y luego tu mente se planta frente a ellos y les dice: «Así soy, y no voy a cambiar»? Esa es precisamente la definición de necedad. Esta es una perversión violenta, que trae miseria a nuestra vida. Desconocemos el profundo y terrible impacto que tiene. La necedad puede llevarnos a perderlo todo. Es mucho más que un rasgo de la conducta, es el resultado de vivir, crecer y actuar como los necios. La necedad está sustentada en tu soberbia, y la soberbia está sustentada por la baja autoestima.

Quizás te duela asumir esta perspectiva, pero cuando surgen esos deseos de ser desobediente, sientes que tu actitud es incontrolable y te das cuenta de que has adoptado, sin quererlo, una postura de cierta hipocresía que busca justificar algo que no eres, pero que mantiene tu espíritu aprisionado en el armazón que te has empeñado en vestir, aunque te parezca incómodo.

La prueba más convincente de que alguien viste un traje que no está confeccionado a su medida es que a su corazón se le ven las costuras. Esto se evidencia mucho más cuando discutes con un necio y lo primero que hace es justificarse, luego piensa que tú eres débil e intenta infligirte daño.

Con todas las personas es posible discutir y obtener algo nutritivo de la discusión, pero eso excluye a los necios. Tus argumentos no les servirán de nada porque solo los usarán como municiones para contratacar. Hay quienes merecen una explicación, hay quienes merecen una respuesta y hay quienes solo merecen tu silencio.

Si vives en la necedad, cambia. Si eres de quienes se estancaron y dijeron: «Yo soy así, siempre he sido así y así me moriré», debes saber que cada vez que digas esas palabras firmas tu acta de defunción: significa que has renunciado al privilegio de crecer y has olvidado que debes generar valor.

—Danny, me quiero divorciar. Mi matrimonio ya no funciona —me dijo una alta ejecutiva de una de las empresas que asesoro.

—Lamento escuchar eso —le respondí—. ¿Y por qué sientes que tu relación ya no funciona?

—Es que él ha cambiado mucho.

—¿Y tú?

—No, yo no. Yo sigo siendo la misma.

—Pues, allí está el problema —le solté sin anestesia.

¿Quién quiere seguir siendo el mismo en un mundo que cambia a tal velocidad?

Ya todo cambió: la tecnología, los aviones, la telefonía, los satélites, los coches, la moda, todo ya cambió. ¿Y tú para cuándo? ¿Para qué ser iguales?

Nada es permanente: ni las tragedias, ni los errores, ni los miedos, ni los dolores. Debes saber que tu estado actual tampoco lo es, y debes dar gracias por ello. Entre más te resistas, más te dolerá cambiar cuando este se presente como un espectro inevitable.

Cambia o paga las consecuencias de seguir siendo el mismo.

Negarte a sufrir genera mucho más daño que el cambio en sí. Aunque tu transformación pueda causarte un malestar, este será temporal, mientras que el que te infringes al resistirte durará mientras te niegues a dar el paso. No hay nada más peligroso que sentirse seguro. En las dificultades y las carencias sé valiente y tenaz. Tú puedes transformar el temor en poder, tú puedes romper las respuestas anticipadas y borrar por completo el guion que tenías escrito. Jamás reniegues de los pequeños cambios en tu vida.

Deja de anhelar lo que tenías y usa lo que tienes. Crece, arréglate el pelo como más te guste, aprieta el cinturón, afina la mente y sopla las trompetas que marquen el inicio de una nueva batalla. Porque recuperarás el doble de lo que perdiste.

Para cambiar hay que saber escoger las palabras adecuadas. Estas llevan luz y poder siempre que se empleen con sabiduría. Hay unas que levantan y otras que destruyen. Ellas, además, añaden destino a quienes son selectivos con el buen vocabulario. Existen expresiones y voces de poder, de éxito y de bendición. Con las palabras correctas hacemos reír o hacemos llorar, herimos o curamos, con ellas vendemos y negociamos, pero también están allí para producir grandes transformaciones en nosotros.

La manera en la que le hablamos cada mañana a ese rostro que aparece en el espejo definirá cómo terminará de irnos el resto del día. Del mismo modo, como le hablemos a nuestro espíritu determinará lo que experimentaremos en cada jornada. Las palabras se han utilizado para transformar el curso de la vida y el destino de las naciones.

Las palabras son emociones, pero sobre todo son acciones que abren el caudal del río de nuestros pensamientos, cuyo cauce, si no es controlado y dominado, termina por ahogarnos en las emociones incorrectas. Es por esto por lo que debemos cuidarlas, y evaluar con celo lo que sale de nuestra boca. Hay un milagro en tu boca. Deja de maldecir la oscuridad y bendice la luz para que aparezca. Cambia tu mundo cambiando tus palabras.

Busca los mejores términos para expresarte y comunicarte, procura ensanchar tu vocabulario a través de la lectura, intenta decir lo que siempre has dicho, pero ahora de diferentes maneras. Almacena palabras con poder y úsalas para impartirle poder a otros: la lingüística configura nuestra mente y emociones, es una forma de expresar lo mismo con mejores resultados.

Me encanta pensar en los grandes autores: Alighieri, Shakespeare, Octavio Paz, García Márquez, Ovidio, Bolaños, Neruda, Nicanor Parra, Angelou, Mistral (de varios de ellos traigo fragmentos en este libro), o de todos aquellos que te gusten y te ericen la piel. Con sus letras, estos grandes lograron describir la existencia y la belleza de una forma que les confiere una belleza aún mayor: la definición de un árbol en la voz de estos poetas parecería una interminable descripción. Imagina entonces la definición de algo tan formidable como tu vida.

Lo que entra a nuestra boca puede envenenar nuestro cuerpo; lo que sale, nuestra alma.

Se hace majestuosa y poderosa; una sola palabra termina por darte la sensación de avivamiento en tu propio ser.

Escucha y siente la enorme diferencia de decir «hago bien las cosas» y decir «hago las cosas impecablemente», la distancia entre «buscar lo mejor» y «conseguir la excelencia». Cuando piensas en algo que te produce «asco» y lo reetiquetas con otro término, como «peculiar» o «extraordinario», tu mente se divide y se confunde entre las etiquetas y las emociones.

Si transformas las palabras puedes romper las etiquetas, si tienes un vocabulario corto y pobre es muy probable que tu bolsillo también lo sea. Quizás esta resulte una verdad cruda e incómoda. Pero la debes enfrentar.

Cuando una persona habla, todos a su alrededor saben qué libros lee, si es que ha leído alguno, y de qué naturaleza son sus intereses y encantos. La manera más sencilla de acceder a tus emociones es a través de las etiquetas que colocamos a nuestros sentimientos y vivencias, si tienes pocas, escasos también serán los matices con que apreciarás tu entorno.

Esto no quiere decir que la gente leída o culta sea mejor, lo que significa es que tendrán mayores recursos para interpretar el mundo que está a su alrededor. Aunque a este tema volveremos más adelante, porque hay personas con mucho estudio, pero muy poca sabiduría.

Dejarse ir con la inercia de la negatividad es lo más sencillo y cómodo para cualquier cerebro.

Las etiquetas que puedes aplicar son las sazones, la música, el olor y las texturas de la vida puestas en palabras; con ellas puedes tejer un puente entre las emociones y la cognición. Siempre hay un cambio que te gustaría adoptar, o una actitud que no podemos cambiar de un día para otro. En este capítulo cambiaremos el ejercicio por un experimento, quiero que lo hagas, pero no me haré responsable si terminas de escribir el libro desde el manicomio. Te diré como es:

No podemos calzarnos adjetivos que no vienen del hábito constante. Es decir, no puedes afirmar que eres amable a menos que por costumbre lo seas. No hay hábitos instantáneos, todos requieren un proceso de adaptación que tomará mayor o menor tiempo, pero nunca será inmediato.

El experimento consiste en forzarte a serlo. Por ejemplo, supón que eres una persona con mal genio. De ser así, quiero que mañana seas todo lo contrario, aunque llamen al sanatorio y te busquen un psiquiatra. Durante todo el día forzarás —porque no harás el cambio de un día para otro— una actitud risueña y alegre. Por un día serás esa persona que tanto te cuesta ser.

Cuando llegues a casa luego de esa aventura haz el siguiente ejercicio:

1) En el primer recuadro, escribirás cómo sería tu vida si mantienes todos los días esa conducta que deseas cambiar (en este ejemplo, el mal genio). Traza un escenario final para dentro de cinco años.

2) En el segundo recuadro, escribirás cómo sería tu vida si mantienes todos los días una actitud como la que has forzado en el ejercicio (en este ejemplo, una excesiva simpatía). Traza un escenario final para dentro de cinco años.

3) Compara ambos resultados.

4) Escoge las palabras clave de cambio y estancamiento que encuentres en ambos escenarios.

¿Cómo sería tu vida si mantienes esa conducta que deseas cambiar?	¿Cómo sería tu vida si mantienes una actitud como la que has forzado?

Comparación	Palabras de cambio y estancamiento

Las palabras activan la bioquímica de nuestros estados de ánimo; creemos que hemos experimentado las mismas emociones porque no sabemos cómo describir las decenas de tornasoles que nos ofrece la infinita gama del alma. Muchas veces no somos capaces de interpretar lo que nos sucede porque carecemos de las definiciones correctas que nos permitan saber qué es lo que estamos sintiendo en un momento particular o, lo que es lo mismo, qué etiqueta poner a lo que experimentamos. De allí la importancia de enriquecer nuestro vocabulario.

El corazón tiene inteligencia independiente a la del cerebro. Tan es así que existe un campo dentro de la neurocardiología dedicado a su inteligencia. Con más de 40.000 neuronas, este órgano realiza miles de conexiones bioquímicas. El que tomemos buena parte de nuestras decisiones con el corazón es algo que ya se conocía en tiempos remotos —incluso en la Biblia encontramos referencias explícitas—, en la actualidad solo lo hemos confirmado científicamente. Por ello, debemos cuidar nuestro corazón y analizar bien qué dejamos entrar en él, esto abarca desde personas hasta emociones.

Las emociones son primitivas y nacen de un mundo intangible que se crea no solo en la mente, sino también en el corazón a partir de los frutos que allí existen. Los sentimientos se construyen cuando aprendemos a otorgarles un valor dentro de un esquema previamente definido por el lenguaje. Es de ese modo que podemos diferenciar una emoción que se ha convertido en un sentimiento, luego, el reto será dominarlos y no permitir que nazcan en el plano físico. Cuando logramos definir nuestras emociones es más fácil controlarlas y someterlas con dominio propio.

¿Cómo podemos cambiar si nos cuesta definir dónde estamos y lo que deseamos ser? No saber expresarnos en lo emocional nos conducirá a un naufragio mental y, sobre todo, a la incapacidad de establecer una comunicación eficiente con las personas a las que deseamos ayudar, a entender dónde están, y a darles el aliento necesario para moverse. Hasta esto depende de la amplitud de tu vocabulario.

Entrena, lee y estudia, y tu vida cambiará.

¿QUIÉN ERES?

Déjame repetir la pregunta: ¿quién eres?, lee bien. No dice *cómo* eres, sino *quién* eres. Tu identidad es algo sumamente valioso; es por eso que si no sabemos quiénes somos, tampoco sabremos a dónde debemos dirigirnos. Si batallas contra una baja autoestima o contra un complejo de inferioridad, y no lo puedes definir, te costará salir de esa situación.

Por mucho que prometas que vas a mejorar, al final te estancarás si no comienzas a cambiar desde la raíz. Te esforzarás, prometerás avances, pero si no refuerzas los cimientos que te sostienen, bajarás los brazos. Serás como una casa vieja que, por mucho que la remodelen, se derrumbará si mantiene las mismas bases. Necesitas edificar nuevas columnas, pero no por ello debes condenarte. Tienes que enfrentar con humildad la verdad sobre tu ser. Recomponer tus bases es un proceso complejo: la verdad nos hará libres, pero primero nos va a incomodar y a doler.

Todo cambio involucra algún tipo de pérdida, tememos cambiar aun cuando sabemos que de no hacerlo nos esperarán mayores angustias. Muchas personas construyen su personalidad alrededor de sus defectos y se defienden diciendo: «Es que soy así, y así me voy a morir». No quieren dejar de ser «así», porque si les quitas estos hábitos se caería la tramoya y se encontrarían sobre el escenario de su realidad sin ningún papel que representar. Ese momento de desgarradora desnudez suele ser desolador, pero es justo allí donde se adquiere la libertad para protagonizar nuestra

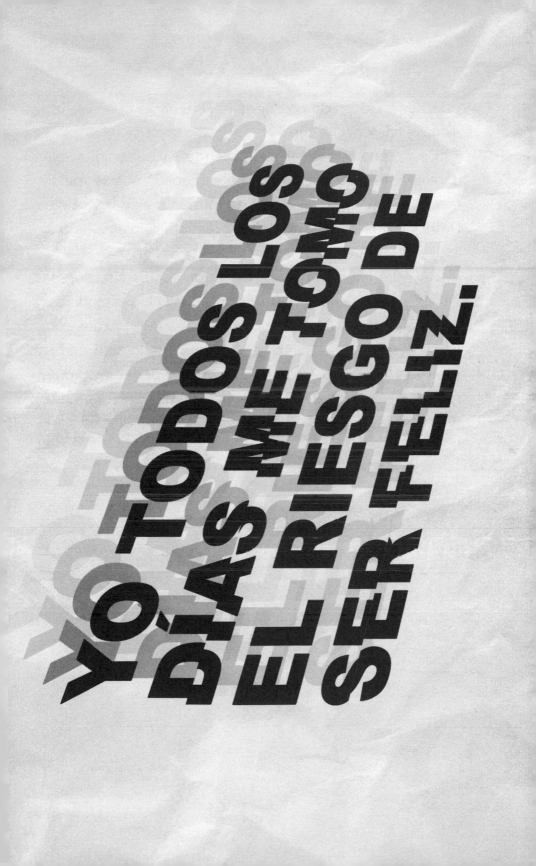

YO TODOS LOS DÍAS ME TOMO EL RIESGO DE SER FELIZ.

vida. Sin el decorado no queda más remedio que dejar de actuar y comenzar a ser.

Desaprende a ser «así», despréndete y evoluciona, readáptate y florece. Despójate de los hábitos que te maldicen, que almacenan baratijas en tu mente y en tu espíritu. Deshazte de lo que no te define y atesora solo aquello que te lleve a un nuevo nivel.

Siempre hay una mejor manera de ser. Es cuestión de decidir tener una nueva convicción y elevar tus estándares.

Atrévete a perder, porque nada de lo que pierdas será valioso y ya verás cuánto ganarás al hacerlo. Ese primer paso será complejo —que te lo digo yo—, pero muy pronto todo va a ser muy natural para ti y no vas a querer detenerte nunca.

Capítulo 12

Maleducados con doctorado

Los libros van siendo el único lugar de la casa donde todavía se puede estar tranquilo.

Julio Cortázar

Ejercer un liderazgo efectivo requiere formación, pero esta no solo debe venir del líder —quien efectivamente debe ser el primero en hacerlo—, ni mucho menos circunscribirse a la educación convencional, sino que también es función de quienes desean cambiar el mundo y fomentar una preparación continua en todas las dimensiones.

La preparación no debe confundirse con la educación en el sentido estricto de la palabra. Aunque terminar tu carrera, realizar cursos e iniciar estudios avanzados constituyen un pilar en tu proceso de crecimiento, resultan insuficientes para llevarnos al punto que deseamos: necesario, sí, pero insuficiente.

La destreza no se adquiere con la teoría, eso sería como quitarte el hambre aprendiéndote de memoria el menú de un restaurante.

Aunque requiere un enorme esfuerzo conseguir un título universitario, aún es más fácil encontrar diplomas colgados en las paredes que educación en los cerebros. Nos convencieron de que los títulos, las maestrías y los doctorados eran garantía de capacitación para la vida. Es importante tener conocimientos; no hay duda de que estar preparado es un activo invaluable, pero creer que un título es suficiente para conducirnos a la prosperidad es un despropósito.

Los hábitos, las actitudes, la manera de enfrentar los conflictos, la disposición a ayudar a otros, la autoestima, la resiliencia, la riqueza espiritual y el amor son ejes fundamentales sin los cuales un título no es más que una hoja de papel. Es esta combinación de elementos la que nos permite convertirnos en inquebrantables.

Todos los días nos encontramos con sabios sin estudios y maleducados con doctorado. Hay personas que aprendieron a diseñar un puente, pero no saben ni dar los «buenos

¡QUÉ CUERPAZO SE TE VE CON ESE CEREBRO!

días», otros que descifran los enigmas de la bolsa de valores, pero no el valor de un «gracias» y un «por favor». Dice más de tu educación cómo tratas a un mesero que cada uno de tus títulos y cursos juntos; habla más de tu abundancia cuánto dejas de propina por un buen servicio que el color de tu tarjeta de crédito.

Los grados dicen mucho, pero hacen poco. Cada uno de nosotros, desde su trinchera, debe empujar por un cambio en el sistema educacional de sus países para que los programas de estudio incluyan, junto al grado, educación. Nuestros institutos y universidades despachan productos incompletos: jefes que no son líderes, maestros que no son mentores, profesionales que no son emprendedores, estudiantes que no son estudiosos y licenciados que no se dan licencia para soñar.

La educación integral debería ser la roca sobre la que se cimenta una nación satisfecha, próspera y transcendente. Por supuesto que la teoría es fundamental para el desarrollo técnico y económico, pero debe ser integral si además deseamos un progreso humano, mental y espiritual —que no debemos confundir con religioso—. Aún educamos a nuestros jóvenes para un mundo que dejó de existir hace muchos años ya.

Tenemos un sistema educacional que ofrece las herramientas de ayer para construir las entidades de mañana. El conocimiento no es entendimiento, recitar libros letra por letra es sinónimo de buena memoria no de inteligencia, no de astucia ni destreza.

A nuestros estudiantes les enseñan a sobresalir en matemáticas y a reprobar en ansiedad. Ninguno de nuestros países dedica cursos completos a desarrollar la inteligencia emocional, el pensamiento crítico, la resiliencia, el abordaje de conflictos, la expresión corporal, ni el discernimiento en sus planes integrales.

Los adultos se quejan de los *millennials*, pero ellos fueron sus líderes.

❈

Si los sistemas educativos no dan el paso, nos corresponde a nosotros avanzar. Los inquebrantables deben ser ejemplo de formación personal e incentivadores de todas las dimensiones de la formación humana. He allí una acción de liderazgo.

Necesitamos un país, un gobierno, una escuela, una compañía que no solo nos digan cuánto valemos, sino que nos lo demuestren con una enseñanza que nos valore. Puedo decir mil veces cuánto vales, pero si tú no haces nada con ese valor, no habré aportado nada.

De nada sirve dominar la teoría si no tienes la capacidad emocional para sostenerla. Si nuestros países invirtieran en el fomento de actitudes y aptitudes esenciales para la vida, nuestro continente sería la vanguardia del planeta. Si tuviésemos la convicción de legislar para promover la educación cívica, la autoestima, la sistematización de los procesos de innovación, el enfoque, la visión, la disciplina, la organización y el orden, ¡qué lejos estaríamos de esto en lo que hemos devenido!

Hoy en día la ignorancia es una opción. Tú defines y decides qué tanto sabes, aprendes y haces. Estamos ante el mejor momento de los últimos 500 años de la humanidad en cuanto a acceso a la información se refiere. Miremos hacia el futuro con expectativa y decidamos usar todo nuestro potencial.

La educación emocional y espiritual, combinada con la educación profesional, es la única manera de acabar con la corrupción, la delincuencia, la pobreza, la falta de alternativas, así como otros severos problemas de fondo. El verdadero éxito para mí es conseguir que las personas mueran cumpliendo su propósito. El exitoso vive en conflicto, soporta el rechazo y la burla, está dispuesto a perderlo todo por cumplir eso que hoy le hierve en la sangre.

Debemos revisar qué nos falta a nosotros y a las personas cuyas vidas deseamos ensanchar, e invertir en ello. Recordemos que la atención, la pasión, la disciplina y la disposición son artículos de lujo, y todos son totalmente gratuitos.

Son artículos de lujo porque producen riqueza. La riqueza material es consecuencia de una abundancia espiritual. Quiero hablarte de la segunda. No soy de quienes le apuestan a la falsa humildad, ese desatino que afirma que no puedes disfrutar las bondades de los recursos económicos si persigues una vida espiritual.

Yo suscribo precisamente una visión contraria: para tener riqueza material hace falta riqueza espiritual. La gente quiere ser rica, pero con mentalidad de pobre y un espíritu quebrado, eso es una incongruencia. Para comenzar, somos hijos de un rey, ¿en qué nos convierte eso? Pues, en herederos de Su reino. Es por ello que no podemos vivir como mendigos en el corazón, en el espíritu ni en la mente.

Hoy engañé a mi celular: leí un libro.

La inmediatez es una de las afecciones de nuestra educación. Damos demasiada importancia a la obtención de los grados, a hacer fortuna, a ordeñar los negocios y no nos detenemos, ni siquiera por un instante, a solidificar las bases que nos llevarían hasta allí. Para todo queremos un atajo, una solución inmediata. Vivimos de prisa como pollos sin cabeza. Estamos en la era de la inmediatez, en que el análisis profundo y la meditación sobre las cosas importantes han pasado a un segundo plano.

Una gran parte de esa inmediatez reside en la vanidad, de allí los referidos casos de personas que están bien educadas, pero son mal educadas. Necesitamos detenernos un poco, y una vez más, ver con claridad, escuchar con sensatez y paz. Urge leer con serenidad y conciencia, solo es cuestión de segundos para darte cuenta de que ya nadie tiene tiempo —ni quiere darse el tiempo— para hacer las cosas con serenidad y conciencia.

Darte un espacio para reflexionar no significa que no seas persistente, ni que dejas las cosas para después, es solo una manera de darle importancia a aquello que la merece.

Es fundamental prepararse y estudiar. El conocimiento trae razonamiento y este trae progreso a la humanidad. Peor aún, estamos poniendo el énfasis en el lugar equivocado, priorizamos el conocimiento sobre el entendimiento que es donde reside la verdadera sabiduría: el saber hacer. No importa cuánto sabes, importa cuánto haces.

Es importante saber, pero es mucho más importante saber hacer.

Sabemos conquistar, pero no colonizar. Estamos enseñando a nuestros jóvenes a impactar, pero no a trascender. Nuestro continente acumula amargura y dolor y siembra ignorancia y mediocridad, lo que trae más amargura y dolor.

No solo desde el sistema educativo vienen los fallos, las mismas iglesias tienen enormes lagunas en su aproximación a Dios. Te puedes saber la Biblia de arriba a abajo, con puntos y comas, pero sin el entendimiento y la revelación no harás nada: una cosa es lo que *pueden decirte* Sus palabras y otra distinta es lo que ellas *quieren decirte*. Nos acosa la ignorancia:

La ignorancia sobre nuestros valores como seres humanos, la ignorancia de propósito, la ignorancia de lo prioritario, la ignorancia de cómo aplicar el conocimiento, la ignorancia de cómo canalizar las adversidades, la ignorancia de no saber qué es el verdadero éxito, la ignorancia de desconocer que el fracaso no existe, sino la sensación de sentirse fracasado, la ignorancia de cómo levantarnos cuando estamos abatidos, la ignorancia de tener vista, pero carecer de visión, la ignorancia de pensar que la educación solo está en las universidades, la ignorancia de ignorar las biblioteca, todas ellas no acosan.

Hay miles de personas estudiadas que permanecen en la miseria económica, emocional y espiritual. Lo peor es que no tienen ni idea de qué es lo que les falta. Maldicen que profesionales como ellos la pasen mal, pero no perciben la aridez de su trato ni la incompatibilidad de sus actitudes con el mundo que los rodea. Se sumergen en un lamento porque creen que deben tener un gozo garantizado solo porque han llenado algunas de las incontables dimensiones de la educación.

No te preocupes por esos kilos de más, preocúpate por esas neuronas de menos.

Necesitamos correr riesgos completos, aunque consigamos las cosas a medias. Tarde o temprano encontraremos la fuerza necesaria para completar la meta y encender la mecha de aquello que tanto buscábamos a oscuras.

Las mentes inteligentes están dispuestas a aprender, pero sobre todo a desaprender y siempre tienen los oídos prestos al entendimiento. Aprender sin disciplina no es eficiente, hacerlo aplicando sistemáticamente te hace eficaz.

Si además incluyes la honestidad, hallarás una efectividad extraordinaria.

Quiero que cerremos este capítulo con una tarea realmente especial, una que ojalá practiques el resto de tus días

Durante una semana no llegues ningún día a tu cama sin antes responder: «¿qué aprendí hoy?». Si te regalas un «¿qué aprenderé hoy?» al despertar, y lo conviertes en un hábito, verás cómo se elevan tus estándares de vida momento a momento. Esto te obligará a buscar una respuesta tan impactante que todos los días procurarás aprender y, en consecuencia, responderás con un nuevo conocimiento.

Pero recuerda que el conocimiento no se aprende almacenando. Podrás «saber» hacer un dragón de origami, pero hasta que tus manos no provoquen pliegues en el papel, no habrás avanzado. Escoge qué aprenderás, pero céntrate en aplicar.

Esta sensación de progreso se convertirá en una emoción y en una carrera interminable. Ponte a punto de conseguir la meta diaria del progreso que equivale a una dosis de felicidad incalculable.

Para comenzar, deja registro de lo aprendido esta semana. Si puedes incorporar este hábito y realizarlo con entusiasmo, mucho mejor.

QUÉ BONITA MENTE

¿a qué hora abre?

Fecha	Aprendizaje	Fecha	Primera aplicación

¿QUÉ ESTA PASANDO CON LA EDUCACIÓN?

Hace poco fui a una junta de trabajo y lo único que el director quería era ganarle a su competencia lo antes posible. Esta mentalidad es la consecuencia de una cultura profesional en la que importa más vencer al otro que ganarse a sí mismo. Este es un modelo que está por colapsar.

No me refiero a que colapsará el modelo competitivo; por el contrario, la competencia activa la productividad y por añadidura eleva los estándares de la industria como un todo. Considero que las organizaciones que entregan todo su potencial con el único fin de derrotar a su competencia terminan por perder enormes oportunidades de innovación, de focalizar su energía y colocan su visión en el lugar incorrecto. La motivación detrás del sueño no es superar sus estándares o crear y expandir las oportunidades, sino una victoria estéril que pudiera tener, al final, resultados nefastos.

Las compañías deberían enfocarse en mejorar la sociedad y generar valor para todos los interesados (empleados, accionistas, comunidad, autoridades, clientes, proveedores, financistas, etc.) en lugar de anteponer rivalidades y entregarles el timón a las decisiones reactivas.

Hoy, los más encumbrados presidentes de las compañías de tecnología, graduados de las universidades más prestigiosas del planeta, deben estar preparados para competir con un joven de 16 años que tiene una mejor visión del futuro que ellos. Estos dirigentes saben que deben enfocarse en competir contra ellos mismos si quieren mantener sus entidades a flote. De no prepararse, las empresas y sus empleados serían arrasados en un abrir y cerrar de ojos. Esta capacitación va más allá de los aspectos técnicos esenciales; es preciso invertir en afinar el cableado humano: innovación, pensamiento crítico, dimensión espiritual, neurolingüística e inteligencia emocional.

Podemos hacer una lista interminable de compañías que eran las vacas sagradas del mundo, firmas poseedoras de grandes monopolios que perdieron su trozo del mercado en cuestión de meses, y así se apagaron los sueños de quienes las erigieron.

Muchas de estas empresas fueron barridas mientras sus empleados estaban enfocados en cómo vencer al rival equivocado: el depredador más voraz se escondía detrás de la pérdida de valores, la epidemia espiritual y las disfunciones internas. Dejaron de ver a la gente para mirarse a sí mismos. Esto tiene una enorme relación con la «crisis de las humanidades», donde la proporción de alumnos matriculados en las carreras humanitarias alcanza mínimos históricos. No puede ser de otra manera si por años nos hemos convencido de que estas profesiones solo garantizarán la ruina económica. Desde el seno familiar se mira con desdén toda iniciativa de los jóvenes de estudiar Filosofía o Letras.

Las enseñanzas emocionales y las espirituales han perdido la capacidad de atracción en los últimos años, a pesar de los vertiginosos cambios que se han producido en nuestra sociedad. Muchos se reirían de ti hoy si tomaras clases de caligrafía porque sería una candidez humanística, pero al mismo tiempo se considerarían admiradores de Steve Jobs por sus grandes logros tecnológicos.

Es urgente que la educación emocional y la espiritual se adapten a las nuevas demandas de la sociedad en la era digital. Es una tontería pensar que las humanidades no son productivas, y más en un continente en el cual hay tanta necesidad de enseñar a los jóvenes a expresarse, a usar las palabras y la lingüística de manera positiva y productiva. La lingüística no solo configura nuestra mente, es fundamental para el desarrollo de la inteligencia artificial y de los lenguajes informáticos.

Si invirtiéramos en la innovación de las ciencias humanas seríamos otra Iberoamérica. Si aplicáramos pequeños pero profundos cambios en la metodología de enseñanza en las escuelas y los hogares, el cambio sería radical. Los títulos te certifican ante una compañía, no ante la vida. Es muy probable que lo que aprendiste ayer sea obsoleto mañana.

La invención y la reinvención son la esencia primaria de todo intento creativo y de cada impacto profundo en la historia. Veo cómo en las escuelas enseñan a desarrollar el espíritu creativo de forma mecánica, esto es como tener un *software* para escribir poesía.

Debemos saber que la imaginación es la máxima expresión de la libertad humana.

Capítulo 13

Un mundo absurdo

Llegaba un incesante caudal de ideas,
y lo más difícil era atraparlas con rapidez.

Nikola Tesla

Un atributo que suele colocarse en segundo plano, cuando se trata de liderar un grupo, es la capacidad de pensar desde nuevas perspectivas. La innovación debe ser un norte, tanto en la chispa que el líder genere como en la que induzca para que otros incendien lo establecido.

Acabamos de dejar de lado el tema de la formación, así como todas las implicaciones que esta tiene en la clase de ciudadanos y profesionales que nuestro continente está esperando tener en las próximas décadas. En el capítulo anterior, nuestro foco fue la preparación y la educación. En este, abordaremos los recursos creativos que el líder puede aportar a su equipo, a sus pares y su entorno. Igualmente, escribiremos sobre cómo ser creativos. No olvidemos que el liderazgo no solo se ejerce desde las posiciones de autoridad, sino también desde cada plataforma que nos permita ejercer una influencia efectiva y resonante.

La sabiduría del espíritu es la tecnología más avanzada con que cuenta el ser humano.

La sabiduría no es lo mismo que la inteligencia. La inteligencia es la capacidad mental de pensar rápidamente, para ver las conexiones entre las cosas, para recordar datos, para analizar y visionar.

Miles de personas que son inteligentes carecen de sabiduría. Si eres exitoso en lo equivocado fracasaste como exitoso. El ejemplo perfecto lo constituyen los asesinos seriales, muchos de ellos han sido inteligentes, pero no sabios.

Tampoco puedes confundir la sabiduría con la astucia: no es lo mismo ser listo que ser sabio. La astucia dirá que una mentira puede hacer que te salgas con la tuya, pero la sabiduría demostrará que la verdad es la única manera de vivir libre. La astucia te dirá que puedes hacer el mal sin que nadie se dé cuenta, pero la sabiduría te enseña que hay alguien de cuya mirada no puedes escapar.

El trabajo de un

SOÑADOR

es imaginar cómo
disminuir el sufrimiento

AJENO.

INQUEBRANTABLES

La humildad es uno de los caminos que te llevan a la sabiduría. El orgullo es lo opuesto a la humildad; la persona orgullosa solo habla de sí misma, solo se preocupa por la satisfacción de sus deseos, le exige al mundo que respete su propia realidad y saca de contexto el horizonte que todos vemos.

Desde el orgullo es muy difícil generar nuevas propuestas, porque solo una mente dispuesta a recibir y un espíritu hinchado de instinto son capaces de alcanzar la grandeza. Sin embargo, en el orgullo la mente está repleta y el pecho vacío. La sabiduría abre puertas que el dinero no puede abrir. Solo los valientes son capaces de despojarse del orgullo, del odio, del rencor, del dolor, de los prejuicios; solo los valientes lo logran.

Es complicado analizar ideas nuevas desde el orgullo porque aparecen los juicios.

Quienes no se atreven a imaginar lo imposible se mofan para ganar la atención por unos segundos; lanzan comentarios sin sustento porque creen que siempre necesitan decir algo para sonar *cool* e interesante. Al generar propuestas debemos estar preparados para recibir burlas de quienes sienten desprecio hacia las nuevas ideas. Estas no nacen perfectas, muchas brotarán con deficiencias y carencias. Es precisamente por ello que están allí solapadas y esperan que alguien las haga florecer.

En los momentos iniciales, debes tener la entereza necesaria para ir con ellas por allí, con sus ramas secas y deformes y recibir ironías de quienes se adornan con flores de plástico. Tú, pon las tuyas al sol, riégalas y pódalas hasta

204

que, llegada la hora, estén listas para obtener los frutos. Será entonces cuando deberás compartir ese fruto consistente y dulce, y regresar a la siembra una vez más. Fecunda tu mente con la semilla del espíritu y verás nacer una cosecha de otro mundo.

En la casa de la burla vive la estupidez.

Recordarás que en el capítulo 4 hablábamos de la importancia de acumular errores. Decíamos que no existen ideas tontas, que cuando las grandes invenciones nacen suelen hacernos dudar de nuestra cordura. Ahora iremos un paso más allá para sistematizar la forma en que podemos convertir una idea descabellada en otra novedosa y aplicable.

No importa el campo en el que te desenvuelvas, la imaginación es necesaria. No pienses que esta es una dimensión exclusiva de poetas, pintores o inventores. La creatividad es aplicable a todos los espacios de tu vida, desde las relaciones de pareja hasta el establecimiento de un nuevo negocio.

La mala noticia para los perezosos es que la innovación requiere trabajo. Hay quienes describen la creatividad como una luz que se enciende, y si bien puede darse el caso de que la chispa provenga de un golpe de inspiración o de una epifanía pasajera, los inquebrantables saben que, en el 99 % de los casos, generar una nueva idea requiere dedicación y la aplicación de modelos de pensamiento. Para que esa luz se encienda, se requieren miles de kilómetros de tendido eléctrico.

Esas conexiones están compuestas de varias piezas: disciplina a la hora de crear, observación y recolección de información relevante, intrepidez ante el *qué dirán*, retroalimentación y persistencia. Me detendré en intrepidez ante la crítica y el *qué dirán* porque debes ser perspicaz para discriminar entre una opinión franca y una venenosa. Ambas saben más o menos igual, pero mientras la primera cura como un amargo remedio la otra solo puede emponzoñarte.

No aceptes críticas «constructivas» de quienes no han construido nada.

✔

Tus ideas pueden tener valor y ser increíblemente creativas, pero si no las ejecutas bien, corres el riesgo total de estrellarte. El primer paso es aprovechar las oportunidades por pequeñas que parezcan. A veces actuamos con arrogancia y esperamos únicamente las grandes oportunidades, las ideas majestuosas, y deshonramos lo pequeño, pero solamente quien demuestra valor en lo poco será puesto en lo mucho.

Lo pequeño abre las puertas a lo grande: una pequeña semilla da un árbol, un árbol produce un fruto, un fruto ofrece un jugo, un jugo engendra un producto, un producto genera una compañía, una compañía forma un grupo, un grupo funda un emporio, un emporio cimienta una industria, una industria construye una comunidad, una comunidad crea ciudad, una ciudad da rumbo a un país, que junto a otros países conforman continentes, los continentes configuran el planeta, los planetas integran una galaxia, una galaxia completa el cosmos y así hasta donde la razón pierde validez.

Lo pequeño no es pequeño, aprovecha todo lo que venga. Un verdadero líder espera de más allá de lo evidente. Haz con excelencia lo pequeño y te estarás preparando para la grandeza. Lo pequeño puede ser inmenso.

Quizás nunca lo hayas visto de esta manera, pero la creatividad es un acto de valentía. Asumirla de forma permanente es más que solo sentarte a esperar que la inspiración entre en tu cabeza. Digo que es un acto valiente porque requiere disciplina y mucho coraje para convencer a otros de que esa planta deforme y debilucha será el árbol robusto que dará sombra.

Para comenzar, solo los valientes se convencen a sí mismos. Luego requerirías otra dosis mayor de arrojo a la hora de asumir los fallos, una y otra vez, las veces que sean necesarias, porque diseñar algo en la mente e imprimirlo en la realidad no siempre resulta una tarea sencilla.

Debes tener la gallardía de aceptar el compromiso de cuestionarlo todo, de sentarte y ver a las personas, de echar a perder, de preguntar «¿por qué?, ¿por qué?, ¿por qué?», de imaginar mundos que no existen y seres fantásticos. Con toda la seriedad posible, diviértete, busca otros que estén listos para divertirse contigo y ver las cosas desde una perspectiva absurda. En fin, tienes la responsabilidad de ser como un niño.

De todas esas cosas aterradoras que he mencionado en los párrafos anteriores, ninguna produce tanto miedo como dar el primer paso, que es, al final, el más importante de todos.

El trabajo de un soñador es hacer de la realidad un plano más profundo, decirle al mundo moderno y a la realidad distorsionada que con él y sus sueños no se juega. Para introducir ideas innovadoras hay que buscar conexiones insospechadas. Creerás que estoy loco si te digo que una de las claves está en la insatisfacción, y quizás hasta me dirás que no quieres escribir eso en tu libro. Te voy a explicar.

Terminemos con la terrible costumbre de darnos por vencidos sin que nadie nos lo haya pedido.

En la insatisfacción está la clave a muchas de las soluciones. Hay aparatos que llevamos años usando pero que acarrean carencias que damos por sentadas y no les prestamos atención. La insatisfacción en sí misma es un camino; muchos grupos de innovación utilizan métodos que se basan en imaginar cosas que no funcionan. Pondré unos ejemplos que se me ocurren al vuelo: aviones que no pueden volar, ropa que se destruye al lavarla o relojes que no marcan el tiempo. Escoge uno de estos casos e imagina un producto. Yo voy a tomar el último, relojes que no marcan el tiempo, y trabajaré en él:

Este reloj marca los meses que faltan para cumplir la meta que prometí; los días que faltan para ver a la persona que amo, los años restantes para mi jubilación. Posiblemente ya no sea el reloj usual, pero será una nueva opción de ampliar el concepto. La creatividad no siempre es crear o inventar: puede ser quitar o disminuir. ¿Qué pasaría si eliminaras las sillas de un aula escolar? ¿Qué pasaría si redujeras el tamaño de un bastón? Hazte las preguntas más extrañas que puedas imaginar, ya que todo lo que te rodea es un espacio digno de ser cuestionado, y con ello ser mejorado. Si tomamos las claves anteriores, volveremos a pensar como niños, evitaremos el miedo al ridículo y nos divertiremos.

Pudiéramos, entonces, llegar a la idea de un reloj que marcara momentos inolvidables en nuestro calendario: los días felices, los días tristes, y de esta forma hacer un diagnóstico de nuestra vida con una frecuencia diaria, mensual o anual.

¿Eso existe? ¿Es posible? ¿Es viable? Al final no será un reloj, quizás sea una aplicación para instalar en tu teléfono o el precursor de un asistente personal. Entonces, lo más probable es que hasta olvidemos esa idea deforme que lo originó y lleguemos a algo mucho mejor. Lo importante de no tener nada es que nos encontramos detrás de una semilla cargada de potencial.

Eso que acabamos de ver es la luz que se enciende, detrás de ella está el tendido eléctrico del que hablamos. Si estamos buscando un concepto nuevo para nuestra empresa de *cupcakes* o de diseño de páginas web, debemos estar enterados de los últimos avances en el área, hablar con los clientes, los empleados y los proveedores, conocer nuestro producto y el de los competidores, saber qué tiene éxito globalmente, desde nuestra categoría, sea cual sea, hasta elementos básicos del consumo, como moda, música o entretenimiento. En el ritmo del reguetón o la última serie de moda podría estar la inspiración que nos hace falta. Si conocemos lo que resuena en el pecho de nuestros potenciales clientes, será mucho más probable que hagamos las conexiones efectivas.

Haz un breve ejercicio para activar estas conexiones:

1) Pregúntale a una persona de tu entorno, mucho mejor si es un cliente, cuál de las canciones de moda le gusta.
2) Pregúntale cuál es su serie de televisión preferida.
3) Toma elementos de ambas respuestas y construye un mundo imaginario.
4) Diseña un producto o servicio para los habitantes de ese mundo imaginario. Puede ser algo totalmente absurdo, pero asociado con tu área de interés (por ejemplo, la empresa de *cupcakes*).
5) Luego lleva ese producto imaginario hasta algo que haga conexiones en la realidad.

Escribe aquí los resultados.

A medida que practiques y realices enlaces más complejos podrás activar tu ingenio y hallar todo tipo de conexiones.

Como ya dije antes, estos ejercicios no son exclusivos de quienes tienen la creación como propósito —artistas, inventores, publicistas o diseñadores—, todos los necesitan porque la innovación se requiere en todo lugar. La originalidad puede emerger en el modo en que enamoras a esa persona, preparas tus proyectos o decoras la fiesta de tus hijos, pero es mucho más importante y necesaria en cómo liderar y ayudar a otros.

Necesitamos buscar la manera de que los niños y los jóvenes cuenten con herramientas que les hagan cambiar sus perspectivas. Urge enseñar esta clase de herramientas en todos los niveles educativos, sin importar el oficio. Aprender a pensar es fundamental para el crecimiento y la mejora continua.

Antes de seguir conquistando otros planetas o el espacio exterior, ¿por qué mejor no conquistamos el espacio interior?

Para innovar debemos hacernos las preguntas correctas. Si decimos: «¿Cómo hago esto si es imposible?», ya ni intentes hacerlo, has decretado tu derrota. La respuesta está implícita, no te permite generar un nuevo abordaje y mucho menos un nuevo camino de discernimiento. Allí el «no» se antepone al beneficio de la duda, y la fe se convierte en un concepto abstracto. Pregúntate mejor:

¿Cómo lo hago posible? Para después responder con un «¡Quizás lo hago posible!».

Reformulando la pregunta, abres un sinfín de posibilida-des y oportunidades que activan la fe y el concepto deja de ser abstracto, para dar espacio a la materialización del intento, es decir, que el «sí» se haga presente, luego apare-ce un quizás, y tu mente comienza a trabajar.

Parecería tonto y simple, pero solemos condicionar nuestra mente con los pensamientos que menos conflicto generen. Debemos abandonar la lógica, o dejarla solo para cuando haya que concretar lo que hemos imaginado sin ella.

MUCHAS IDEAS

Hay muchas ideas en las que se puede pensar pero no creer. Una idea no sirve de nada si no crees en ella de manera profunda. Quien intenta materializar ideas sin la convicción firme de que hará todo por conseguirlas, solo pierde su tiempo. Creer en una idea tiene que asumirse como un acto de certidumbre emocional y espiritual, no hay puntos medios.

Si no hay certidumbre, aparecerán las dudas, y con ellas perderán firmeza tus acciones y dirección tus pasos. Sin firmeza ni dirección no hay enfoque, y sin enfoque no hay visión; sin visión, desaparece la posibilidad de una transformación profunda que te escude en una seguridad tan sólida que ni la propia muerte te haga dudar.

La voluntad del ser humano, apoyada sobre la convicción, no se tambalea.

Con la creencia profunda, la fe deja de ser una ilusión, o un simple concepto, y se convierte en verdad viva. Esta certeza te permite traspasar las puertas de lo imposible y poder concebir lo que es infinito, es como abrir las esclusas que contienen a un manantial inagotable y liberar una fuente de recursos de intensa energía creativa e innovadora.

Los inquebrantables tienen sueños tan grandes que agrietan el mármol y mellan los diamantes. ¡Sueña!, y luego suda. Insiste hasta conseguirlo, pero antes debes creer que lo vas a lograr.

No pares, no te detengas hasta que eso que soñaste sea una realidad.

Pero primero cree.

Capítulo 14

Números rojos

Todo necio confunde valor y precio.
Antonio Machado

Sé que algunas veces, mientras escribimos sobre perseguir tus sueños, innovar, transformar, emprender, dejar aquello que te estanca o abrir tu propio negocio, te has preguntado cómo vas a pagar las facturas mientras tanto.

Precisamente por ello, quisiera que dediquemos este espacio a hablar de dinero, y espero que eso cambie en algo la forma como te relacionas con él. Hay quienes viven para poseer dinero sin darse cuenta de que es el dinero el que los posee a ellos.

Hay gente tan miserable que hasta la vida se ahorran, y nunca se la gastan. Hacer dinero es extremadamente fácil, pero mantener una familia, un matrimonio, una amistad, una sana autoestima serán los próximos retos del milenio, iya lo verán!

El desapego no es que tú no poseas nada, es que nada te posea a ti.

Quien se deja manejar por el dinero está en grandes problemas. Lo material convierte la vida en un vacío constante que debe ser llenado de inmediato, se vuelve la meta principal de existir, pero tarde o temprano, dejará de tener valor.

El dinero no hace florecer una mente árida. La arraigada creencia en lo contrario se basa en la idea equivocada que tantas veces escuchamos en la mesa de nuestros padres y abuelos, quienes repetían incesantemente que si tienes más vas a ser más feliz.

Cuánto valemos como personas y cuánto valemos por lo que tenemos son dos cosas diferentes. Las cosas tienen un precio, pero el valor no es un número. Tú eres una persona que tienes valores, es por eso que decimos: «Vivo de acuerdo a mis valores», y si tuvieran un precio, no serían realmente valores.

En el capítulo 6 hiciste una lista del tiempo que dedicabas a las redes sociales —sin contar el destinado a fines laborales—, ver televisión, o escribir por mensajería de texto. Es hora de que busques esos números para que hagamos unos cálculos.

En vez de pensar que el mundo te ha quitado o te ha robado cosas, mejor haz las cuentas. Yo haré un ejercicio modelo y luego harás el tuyo usando los valores que definas, además de los que traes del capítulo 6. Calcula tu parte con absoluta honestidad, con brutal transparencia.

¿Cuánto dinero quieres ganar al mes?

Aquí pondrás una cantidad importante, pero exagerada. No basta con querer «mucho dinero», debes definir exactamente cuánto dinero quieres. Créeme que existe una razón profunda para tal exactitud. Para tener números redondos, pongamos 10.000 dólares estadounidenses libres de polvo y paja. Yo haré el ejemplo en dólares, tú hazlo en la moneda de tu preferencia y ponle tantos ceros como quieras.

10.000 dólares mensuales.

Ahora, con esa base, calcula: si trabajas de lunes a sábado, en un mes normal serían 26 días laborables. Esta cuenta nos daría 385 dólares diarios, si redondeamos; pero si quieres tomarte dos días libres en lugar de uno, debes ganar 454 dólares cada jornada.

Por el momento dejémoslo así, en seis días semanales:

385 dólares diarios.

Si trabajas ocho horas diarias, se convertirían en:

48 dólares por hora.

Ahora inician las cuentas interesantes: digamos que $10.000 es tu objetivo a mediano plazo, o sea, de uno a dos años. Ahora vamos a sumar el dinero que te debes y el que te deberás si continúas viviendo de la manera en que lo haces. No voy a menospreciar la curva de aprendizaje ni toda la inversión de tiempo que has tenido en tu vida, porque tarde o temprano va a traer su propio retorno. La finalidad de este ejercicio es evidenciar cuánto inviertes en lo que crees gratis; hablo de tus sueños caídos. ¿Cuánto tiempo has gastado en esfuerzos improductivos que pudiste haber utilizado de manera eficaz? ¿Cuántas veces has preferido ir a divertirte, jugar en el teléfono o tomarte unos tragos en lugar de hacer lo que debías, las cosas correctas? ¿Cuántas veces te has dicho «no» a ti por decirle «sí» a todos los demás?

Si hoy perdiste tres horas enojado, te debes 3 X $48 = $144.

Si estuviste dos horas en tus redes sociales, le debes $96.

Pero si es algo que haces a diario te debes $96 x 26, que son los días trabajados. Te debes $2.496 por estar pendiente del Instagram cuando deberías estar produciendo. ¿Gratis?

Imagina si además dedicas dos horas a ver la televisión. Al final del mes te deberás 5.000 dólares, y eres tú quien pagará esa deuda. Imagina cuánto tienes que trabajar para saldarla, y a eso tendrás que sumarle el tiempo perdido pagándote lo que te debes y que ya está generando intereses.

¿Te das cuenta de todo lo que has perdido?

Con tu actitud, habrás bajado por completo tu nivel de entrega, eso significa que ya no tendrás el mismo rendimiento. Tú eres quien te defraudas y te robas. Súmale a tu deuda todo lo que se ha acumulado durante todos los días que has perdido en depresión, de mal humor, con miedo y sin intentar lo que debes intentar.

Trae los resultados del ejercicio del capítulo 6. En el cuadro que encontrarás a continuación podrás hacer tus cálculos. Yo voy a llenar uno para mostrarte:

Cuánto quieres ganar	$10.000	Días que trabajarás en el mes	26
Cuánto ganas a diario	$385		
Valor de la hora	$48,125	Horas diarias	8
Cuánto inviertes en	Redes sociales	2h	$2.503 al mes
Cuánto inviertes en	Ver la tele	3h	$3.754 al mes
Cuánto inviertes en	Chatear	1,5h	$1.877 al mes
Cuánto te debes			$8.134 al mes

Cuánto quieres ganar		Días que trabajarás en el mes	
Cuánto ganas a diario			
Valor de la hora		Horas diarias	
Cuánto inviertes en			
Cuánto inviertes en			
Cuánto inviertes en			
Cuánto inviertes en			
Cuánto inviertes en			
Cuánto inviertes en			
Cuánto inviertes en			
Cuánto te debes			

Si te parecen exageradas las cifras de cuánto pasas en redes sociales, abre tu Instagram, ve a la configuración y mira en *tu actividad* cuánto tiempo inviertes en la aplicación. Te sorprenderás.

No quiero que estos números te causen angustia, sino que puedas asimilar si esto es lo que quieres y cómo lo quieres obtener. Puedes comprarte un avión o alquilarlo por una fracción del precio. Hay muchas maneras de obtener las cosas que anhelas.

Después de esta pequeña ecuación de vida, ¿te atreves a decir de nuevo que no tienes dinero?, ¿de verdad crees que alguien se llevó lo que era tuyo? ¡Eres millonario, y no lo sabes!

Una vez hecho esto, define qué vas a sacrificar para conseguir lo que deseas. Diseña la estrategia que usarás para reducir el tiempo que pierdes haciendo cosas «gratis», y pule el plan que llevarás a cabo para enfocarte en tu meta. Por último, necesitas dar el primer paso, y no aceptes devoluciones. Si vas a salir a competir es para ganar.

Esto no debe generarte ansiedad. Tampoco precisas sufrir una vida tiránica. Lo importante aquí es que sepas que el ocio y la diversión, a pesar de ser esenciales, deben estar en sano equilibro con tu realización. Además, comprenderás que lograr tus metas económicas conlleva ciertos sacrificios, pero nunca te sacrifiques tú por ellas.

Ser eficiente es la forma en que puedes recuperar ese dinero. No porque trabajes todo el día sin detenerte, significa que usas tu tiempo de forma adecuada. No por «trabajar como burro» ganarás más. La productividad es el equilibrio perfecto entre tu trabajo y el esfuerzo aplicado en tu propósito de vida, hasta que ambos sean lo mismo.

Si estás dedicando la mayor parte de tu tiempo a algo que no te está acercando a tus sueños, debo decir que estás echando miles y miles de dólares a la basura, es así de sencillo.

Dicen que el tiempo vale oro, pero no, el tiempo no tiene precio, tiene valor, uno que ninguna moneda puede abarcar, un monto que nadie puede pagarte. ¿Cuánto cobrarías por un minuto más de vida?, ¿por una pierna?, ¿por un ojo? Ese es el valor que tienes.

Deja de botar toda tu vida en la basura cuando debes botar toda la basura de tu vida.

El tiempo no vale oro, dejemos de decirlo ya. El tiempo no tiene precio porque si fuera así, nuestra existencia sería realmente barata. Es momento de comprender de manera profunda que el tiempo es invaluable, no existe ni cantidad, ni número, ni cheque, ni transferencia que pueda pagar un simple segundo de nuestra vida. Démonos cuenta ya, este segundo que acaba de pasar, no regresa...

ni este...

ni este...

ni este...

No pongas tu vida en números rojos: es hora de que recapacites y dejes de invertir en cosas que extinguen la llama en que arden tus pasiones. La prosperidad económica es una consecuencia: el enriquecimiento no es un fin, es un medio que, mal encauzado, puede ser devastador.

El dinero no tiene nada de malo, el problema es que le otorguemos el lugar que debe ocupar aquello que no tiene precio. Tener un enfoque excesivo en el dinero nos incita a menospreciar aquello que no tiene un precio. Cuanto más tengamos menos valoramos las cosas.

> **Si el tiempo tuviera precio, cualquier millonario pudiera hacerte un cheque por cada segundo que respiras.**

Por ello, si fundamentamos nuestra conducta en lo que emerge desde lo profundo de nuestro ser, nos cobijaremos en los conceptos esenciales de nuestra existencia, y ya nunca más monetizaremos lo impagable. Solo en el caudal del espíritu nace la riqueza. La prosperidad es ser abundante en todo: en la mente, en el corazón y en el alma.

Como ya hemos sugerido antes, para hacer fortuna no se requiere una gran inteligencia, sino una enorme sabiduría.

Tampoco precisas regalar tu trabajo. Si por algún motivo estratégico deseas bajar el precio de lo que cobras, está bien, pero siempre hazlo enmarcado en una visión de maximizar el fruto de tu esfuerzo, y que esto no implique perjudicar a la contraparte. Recuerda que una relación comercial en la que solo gane una de las partes, no tendrá segunda parte.

—Daniel, tengo gente que me cobra menos que tú —me dijo como único argumento de negociación.

—Querido, me imagino, sin duda, pero yo también tengo gente que me paga más que tú —fue lo que dije como única respuesta.

En mi caso, acepto negociaciones y hago trabajos gratis; ofrezco gustoso mis talentos a causas que me llenan el alma, y lo hago porque deseo sembrar y servir.

El obrero es digno de su paga. Yo no acepto que alguien pretenda compararme con sus escalas de precios como si fuera la única persona que poseyera la vara que todo lo mide. ¿Quién sabe cómo valorar mi tiempo y mi trabajo?

Si tienes mente de pobre, el dinero no te hará rico.

Es posible que percibas algo de soberbia en lo anterior, pero no es así. No somos números ni estadísticas; si cobráramos por tiempo, nadie tendría dinero para pagarnos un minuto de vida. Cobramos por lo que hacemos, por lo que sabemos y por lo que logramos.

Hay servicios tangibles, pero existen los intangibles que sostienen todo lo que es visible.

Cuando conoces tus prioridades y tu valor, jamás te quedas con hambre. No negocies con hambre porque siempre te vas a quedar con las migajas.

Así como no debes cobrar menos, siempre debes entregar más. No solo a tus clientes, debes siempre entregar más

La ropa cara
no te quita lo

BARATO

a tus empleados y, si no los tienes, a las personas que trabajan contigo. El buen clima y la armonía en las empresas y los negocios son parte fundamental del éxito. Y esa prosperidad no se consigue gratis. Este elemento, junto a los dos puntos de los capítulos anteriores, formación e innovación, encarnan la única salvación posible en un mercado cada día más vertiginoso y feroz.

Cuando sabes cuánto vales, dejas de dar descuentos.

El universo corporativo ha reducido la abstracción de la esencia humana, ahora somos más unos números que unas personas. Un directivo que toma una decisión basado en lo que dice una pantalla, ha iniciado el declive de su identidad como guía, y ha dejado a un lado los fundamentos de su liderazgo para colocar en primer plano la evidencia de un pensamiento obsoleto que pone los números antes que las personas. Solo cuando invirtamos este orden, comenzaremos a cambiar el mundo.

Recortar gastos por obtener ingresos reduciendo la calidad es la muerte anunciada de tu negocio. Te lo firmo: la calidad va primero que la utilidad.

No pierdas más dinero: cóbrate lo que te debes, comienza a pagarte, deposita en las cosas eternas. Deja de hacer retiros en lo espiritual.

Comienza a disminuir tus fallos y eleva tus virtudes. Págate lo que te debes, deja de sabotearte, mantente andando, aunque el paso sea lento.

UNA COMPAÑÍA JAMÁS...

Una compañía jamás debería sacrificar el corazón ni el espíritu de sus integrantes, mucho menos su dignidad. El más alto estándar debería ser la ética y la convicción de servir interna y externamente.

Cada minuto la información se triplica y lo que hemos aprendido se hace obsoleto en un abrir y cerrar de ojos. Los programas sociales, los educacionales y los económicos deben estar un paso adelante de la transformación diaria, pero, sobre todo, necesitan tener aplicación y visión a largo plazo. Los beneficios a corto plazo no son indicativos de éxito.

El joven emprendedor, el empresario exitoso o el empleado de nivel ejecutivo, cuando logran un estándar y equilibrio, terminan por creer que: «Así estamos bien» o «Si no está roto, no lo arregles». Estas frases son una sentencia de muerte, inyectan un suero letal para la innovación, la productividad y la efectividad en las empresas.

Debemos procurar tener cada vez menos personas que salgan a buscar un trabajo que satisfaga sus necesidades inmediatas y primarias. Nuestros países requieren una cultura visionaria de creación de proyectos a largo plazo: queremos las compañías del mañana, pero aplicamos las herramientas del ayer.

Los directivos deben analizar cómo van a prevenir las necesidades de los mercados locales y los globales que están por venir. Deben identificar y adivinar los retos y los problemas de consumidores cada vez más conectados.

Podría afirmarse que la siguiente necesidad de nuestras empresas será la de profesionalizar a los apasionados, que sería siempre mucho más fácil que apasionar a los profesionales. Los apasionados serán aquellos a quienes las empresas buscarán retener y considerarán sus mejores talentos.

Terminaremos por ser educados de manera global y la batalla no será por tener el mejor producto o marca, sino por contratar y capacitar a las personas más llenas de pasión, entrega y convicción. Las maestrías y los doctorados perderán su relevancia. Los hechos y la reputación serán lo único importante al leer un currículum.

Veremos nacer un ecosistema de exportación e importación de talentos, donde serán fichados o transferidos como sucede en el deporte. Las distintas compañías a nivel global contratarán y subastarán para obtener a aquellos integrantes que eleven la felicidad corporativa.

Aunque no sea correcta me gusta la palabra *emprendurismo*, pero me gusta más decir *emprenderdurísimo*.

Capítulo 15

Perdón o venganza

El débil nunca podrá perdonar.
El perdón es una virtud de los fuertes.
Mahatma Gandhi

Juntos hemos escrito ya dos tercios de este libro. En el segmento que nos queda nos enfocaremos en las relaciones humanas. Muchas de las personas que no logran avanzar en su vida están atrapadas en aspectos que les impiden avanzar, abismos como el resentimiento, la venganza, la pérdida o el desamor.

De todos los sentimientos, el rencor es uno de los más destructivos, nos mantiene anclados en el pasado cuando debemos trabajar para el futuro.

Todo inicia con una molestia que no expresaste, evoluciona como un resentimiento, se transforma en rencor y terminas por ser esclavo del odio, viviendo en la amargura, soñando con salir de ese dolor que no te deja respirar.

Perdona ya. El perdón es un regalo que debes darte, es para ti, no para quienes te ofendieron. Perdonar no siempre es olvidar, es abrir las ventanas y las puertas de la verdadera libertad. Perdonar es amarse a sí mismo, es un acto que te eleva más allá de lo común y te acerca a Dios. Perdonar es de personas sofisticadas, de valientes y sabios, nunca lo olvides.

¿Quién es la persona que te disparó en el alma y tiró a jalones tu bondad? ¿Quién mordió tu mano y usó tu espalda de tapete? ¿Quién usó tu tiempo y tu corazón como un motel de cuarta, te robó un beso, y con ellos los sueños? ¿Quién defraudó tus esperanzas y te encadenó a su recuerdo, se llevó tus ideas y se hizo millonario con ellas? Él

La venganza solo es dulce para el alma enferma.

goza y tú sufres. ¿Qué le vamos a hacer? ¿Qué vas a hacer? Hay dos maneras de extraer la bala: el perdón, o la venganza.

La venganza es tan amarga como un sorbo de bilis; quema a fuego lento. Es un juego de represalias donde todo se pierde y todos pierden, porque el agravio no recibe justicia, aunque sea vengado. Las verdaderas ofensas no pueden saldarse, el dolor y la herida no son piezas reversibles, castigar al culpable no deshace el daño. Aunque te produzca una satisfacción temporal, la venganza te hace salir del

El **PERDÓN** es la mejor venganza de un hombre sabio.

mundo de la gracia para entrar al tormento circular de la retribución, donde el que hace mal recibirá un castigo, tarde o temprano.

Creemos que solo hay dos caminos: pagan o los castigamos. Pero para mí existe una tercera opción en la que todos ganan: el perdón. La justicia debería ser mucho más que un empeño por equilibrar las ofensas, ella no consiste solo en hacer las cosas bien y pagarle a cada cual lo que se le adeuda, tiene por objeto, además, la restauración del dolor; ese es el nivel humano en donde el castigo y la condena han sido borrados.

El perdón no se trata de enmendar lo roto ni de cambiar de página, sino de cambiar de libro. Cuando perdonas todo se hace nuevo. No hay nada más viejo y aburrido que el terrible ciclo de la revancha.

Imagina que tomas el poder de enfoque que la venganza suscita en tu mente y en tu cuerpo y lo usas como propulsor para tus metas y sueños. Te darías cuenta de la carga energética y creativa que genera, capaz de llevarte a conquistar lo que deseas. Este mundo necesita que transitemos el costoso camino del perdón.

Cuando vivimos una injusticia, debemos comenzar por reconocer que muchas veces nuestra perspectiva puede estar torcida. Si fuiste víctima y te vengas serás doblemente víctima, primero de la injusticia y después del dolor que te habrá dejado la venganza.

Te preguntarás por qué la vida ayuda y bendice a los que te han lastimado, y esperas que el destino los castigue. No hallas nada en preguntar, en esperar su derrota y su dolor. Desengánchate del arpón que te mantiene atado y atento a la maldición, crece, pero hazlo desde el alma, enfócate en el desarrollo de tu espíritu.

Cuando perdonas los has castigado, los has desterrado, has olvidado sus nombres y has borrado la tinta que escribe sus nombres en tu piel. Con ello arrancas de tu lengua, de tu mente y de tu pecho el poder que tenían sobre ti, has silenciado al malvado y lo has transformado en bien.

> **Te gané porque te perdoné, y con ello te quité el poder de hacerme daño.**

Siempre habrá tiempo para difamar mientras que existan oídos y corazones sedientos de venganza. Pero ¿quién no recuerda sus momentos de maldad?, cuando pensabas que hacías el bien. Todos nos hemos equivocado, todos adeudamos una disculpa, todos hemos contribuido a la injusticia; la línea que nos separa del mal está en el rasgo divino de la bondad y la misericordia. Como espectadores no podemos acabar con la maldad existente, pero sí podemos dominar la que brota de nosotros. Con esa pureza, voltearemos a ver a nuestros acusadores y les diremos: «Te bendigo por haber estado en mi vida, te hago responsable del mal que convertí en bien. Tú también me hiciste crecer».

Puedes hacer algo hermoso del perdón, del rompimiento de una cadena mental. Todo lo que te sucede es para bien. Una persona sabia entiende cómo revertir el mal, no pierde ni un solo segundo de su vida dándole poder a la amargura y al odio. Deja de lamerte las heridas, huye antes de que tu resentimiento apeste el aire que respiras.

El perdón es lo único que tiene la capacidad de destrozar las cadenas de la injusticia y regalarnos la posibilidad de un futuro libre del pasado y lleno de nuevas posibilidades. El perdón no es una emoción, es un acto de voluntad y esta no se rige por la temperatura del corazón, sino por la grandeza del espíritu.

El rencor es una daga que penetra tu alma y anula toda posibilidad de crecimiento. La mayoría de las personas se rehúsan a perdonar porque creen que la injusticia triunfará si lo hacen. Esto no es así: la retaliación es lo opuesto a la verdad. El perdón es una pieza de la demandante disciplina del amor, es el verdadero camino a la libertad.

> **El reto no es dejarlos ir, el reto es dejar ir el pedazo tuyo que se quedó con ellos.**

Comprendo que hay atrocidades ante las cuales perdonar sería un acto absurdo. No obstante, ni en situaciones extremas encontrarás paz y gozo en la venganza, como tampoco la hallarás al hacer justicia con tu propia mano. Siempre hay caminos y estrategias que pueden llevarte a conseguir lo que deseas sin mancharte el alma.

Ponle fin de una vez a la venganza que te impide avanzar, que te hace dar vueltas en círculos como un perro que busca alcanzar su cola. Hagamos retroceder la locura con la espada del amor, y que el resentimiento y la ira se hinquen ante la compasión.

Cuando he discutido este tema en algunos foros, siempre sale a relucir la frase «perdono, pero no olvido». Sin duda, olvidar es uno de los caminos del perdón, aunque también existen situaciones inolvidables. El perdón nos invita a olvidar y a romper con el rencor y la autoflagelación; el perdón no consiste en provocarte una amnesia temporal, por el contrario, es un mecanismo que te permite explorar tus heridas y recordar tu dolor desde una perspectiva de bondad y misericordia. De ese modo, te eleva a un nuevo nivel de sabiduría y paz.

El perdón es un privilegio que te da la capacidad de ver tu sufrimiento, no como algo que desees borrar, sino como algo digno de recordar y presumir; te permite hacerlo parte de ti, de tu identidad, y aceptar que esa cicatriz cuenta una gran historia sobre ti.

Cuando perdonas, la ofensa no desaparece hasta que hayas asumido y pagado la deuda, sabiendo que se convertirá en un activo en tu balance como ser humano. Canjear el odio en perdón te abona una fortuna y reditúa intereses, porque todo perdón que das es un perdón que algún día necesitarás.

Busca la bondad dentro de la incomprensible tragedia; si lo haces con fe, la hallarás donde jamás imaginaste. Perdonar grandes ofensas jamás saldrá barato, es un acto de valentía, de evolución y de firmeza espiritual. Perdonar es más que aceptar la deuda, es asumir la injusticia y la pérdida.

Casi siempre, las personas que nos hieren nos llevan más cerca de Dios que aquellos que nos aman. Hay amigos que sin darse cuenta también nos hacen daño y se convierten en terroristas enceguecidos por nuestra causa. Son pocos los que nos retan a mejorar y nos confrontan con la verdad.

Cuando el amor es tu respuesta, jamás importará la pregunta.

En cambio, quien te hace daño olvida que puede herir tu sensible corazón y afila su espada para dividirte en dos. Yo los bendigo, porque cuando me he enriquecido ellos me han empobrecido, cuando construí una casa ellos destruyeron mi hogar, cuando soñaba ellos me despertaron, cuando me hice sabio me acusaron de necio, cuando lo perdí todo, ellos se encargaron de quitarme las sobras. Yo los bendigo porque trabajaron para mí sin saberlo: gracias a ellos pasé más tiempo de rodillas y pude encontrar el mapa de mi vida. Sin enemigos, no sería este que escribe contigo. Los bendigo porque todo mal en la sabiduría obra a favor del bien. Mis enemigos me enseñaron a apreciar lo que nadie había visto en mí, me hicieron exprimir hasta la última gota de mi bondad.

El rencor es un cuarto lleno de clavos. Jamás creas que eres débil por perdonar, que eres tonto por hacerlo, nunca creas que te hace duro y fuerte negar el perdón. Perdonar es de sabios y de valientes, de guerreros, de inteligentes, de personas superiores. Quien perdona, te lleva ventaja en todo, porque no es un acto para la gente ordinaria, está reservado para los inquebrantables.

Imagino que puedes suponer qué actividad voy a sugerir en este capítulo. Si piensas que te mandaré a perdonar a las personas que te han hecho daño, ¿qué crees?: te equivocas. No lo haré. Creo que juntos hemos escrito ya demasiado y perdonar es algo tan íntimo que prefiero que lo hagas en soledad, cuando tú cierres el libro y yo me haya ido. Lo que deseo que hagas en realidad es que agradezcas.

Yo te daré algunos ejemplos:

Yo, Daniel, agradezco a esa persona por haber hecho que sacara lo mejor de mí.

Yo, Daniel, agradezco a otra persona por enseñarme a perdonar.

Yo, Daniel, agradezco a otra más por mostrarme que no me voy a morir de amor.

Yo, Daniel, agradezco a otra por hacerme saber que debo amarme primero a mí.

Yo, Daniel, agradezco a la misma, si quieres, por ponerme más cerca de Dios.

Ahora tú:

_____

Yo, ..., *agradezco* ....
por ....

_____

Yo, ..., *agradezco* ....
por ....

_____

Yo, ..., *agradezco* ....
por ....

_____

Yo, ..., *agradezco* ....
por ....

_____

Yo, ..., *agradezco* ....
por ....

_____

¿Eres suficientemente valiente para llamarlos y decírselos? Hazlo.

¿Eres suficientemente valiente para publicarlo en tus redes sociales? Entonces, quiero ver tu sonrisa y la etiqueta #PerdonarEsDeValientes #Inquebrantables.

Es de valientes dejar ir la tristeza, la ira, el rencor y convertirlos en bondad. Perdonar es una bocanada de aire

EL PERDÓN

es la reconciliación

con tu propia **paz**

refrescante que entra en tu corazón. La fría oscuridad de la prisión se inunda de luz. Por primera vez en mucho tiempo, te sentirás en paz. Es el mayor regalo que te puedes dar.

Perdonar y pedir perdón es la llave al gozo y a la libertad. Honro a quien se atreve a entregar su dolor sin temor a ser juzgado o ser considerado débil. Jóvenes, perdonen a sus padres. Cúrate esas llagas, deja ir el pedazo que se quedó en la aflicción. Siempre hay una mejor manera de vivir, siempre existe algo que podemos soltar. Nunca es tarde para ponerte a cuenta con los que amas, no temas. Pide perdón, y entrégalo, aunque no te lo reciban.

Nunca es demasiado tarde para retomar tu vida.

DECEPCIONADO

Las relaciones evolucionan conforme lo hacen las personas que las integran. La frase: «Ya no es como antes» carece de sentido y no tiene cabida en nuestro vocabulario, porque necesitamos ser conscientes de que las personas cambian, y no podemos pretender que alguien se comporte o reaccione siempre del modo que nosotros deseamos.

Siempre existirá alguien que nos desilusione, pero acabamos enojados con nosotros mismos por haber creído. Nos hacemos preguntas como: «¿por qué lo hice si sabía que esto pasaria?» o «¿cómo no lo vi venir?». Construimos especulaciones y negamos lo innegable, al tiempo que damos el beneficio de la duda, y cuando nos fallan, aun sabiendo que fuimos los culpables, nos preguntamos: «¿por qué a mí?».

Tardamos 15 segundos en percatarnos de que algo estaba mal, pero tardamos 15 años en aceptarlo. Ahora pregunto yo: «¿Por qué no a ti?», si ya lo sabías, si viste los indicios, y ya los síntomas de esa enfermad se habían manifestado. Tu falta de firmeza te impidió que detuvieras el bólido que estaba por atropellarte y lanzarte hasta el lugar en donde caíste. Nadie es más responsable que tú de las buenas o de las malas decisiones que tomas. La expansión de tu ser nace a partir de aceptar que si hay algo más rápido que la luz, eres tú poniendo pretextos.

Es mejor ganar un alma que ganar una discusión, si pierdes a alguien por ganar, perdiste dos veces. Es un tremendo reto, nada sencillo de lograr. Destierra de tu vida cada día lo que te aleje de la misericordia del amor.

La falta de firmeza e ignorar los problemas son un GPS programado para conducirnos siempre de vuelta a ellos. Debemos abandonar todo aquello que nos roba la paz. Duele, pero debemos aceptar que todo parte de nosotros, de nuestra necedad o ignorancia.

El necio repite sus errores, el sabio comete nuevos.

El amor siempre será la mejor opción. Habrá momentos en que te equivoques, pero apresúrate a resarcirlos. Tu paz no tiene precio. Eres responsable de tus hábitos, de tu salud, de quién te enamoraste, a quién contrataste, con quién te asociaste, en quién creíste, y si no tomaste la mejor decisión te queda la opción de mejorarlo todo a partir de la humildad y la sabiduría, cuando aparezcan las nuevas oportunidades.

Si alguien te decepcionó, te digo esto: sé que es difícil doblegar la mente cuando en ella se gesta la rabia, cuando la invade la decepción se nos nubla la vista, salivamos ira y la venganza se activa; entonces buscamos la retribución inmediata que sacia nuestro enojo. Sin embargo, el espíritu apacible es la cura perfecta: una oración en humildad es tan efectiva que coloca tu cuerpo en armonía, y así las decisiones se toman con el espíritu, no con la emoción.

Inténtalo, sal de ese círculo vicioso que te mantiene despierto de noche buscando cómo hacer pagar a quienes te hirieron. Es un reto, pero aprenderás a subir de nivel y dominar tu carácter e identidad. Poco a poco, todo aquello que te angustia y enoja dolerá menos, perdónate las equivocaciones, perdónate haber creído en ellos y haz un cambio radical en tu manera de conducirte en la vida.

Capítulo 16

Maestro redentor

No tiene remedio el que sufre
para matar el sufrimiento.
Pablo Neruda

El perdón es un gran paso en tu vida, es una gran demostración de valentía a la hora de enfrentar los estragos del dolor. Una cosa es curar las heridas y otra muy distinta, arrancarnos las cicatrices.

Hay distintas formas de calzarse las marcas, las ronchas y las hinchazones: una es buscando en otros compasión o deferencia, la otra es recordarnos lo que somos. La primera está atada a lo exterior, lo cual nos debilita y causa que pongamos nuestra esencia en lo ajeno; la segunda busca taladrarnos el alma para que la energía vital fluya desde adentro y nos refresque, porque estamos golpeados, pero somos inquebrantables.

Yo no alardeo de mis heridas, pero tampoco las maquillo. Están allí y forman parte de mí como mi mirada y mis manos, como mi corazón y mi sonrisa, definiéndome mucho más de lo que me niegan.

No voy a pedirte que andes por la calle con una sonrisa falsa y muecas hipócritas, tampoco que no tengas tus momentos para el luto y el duelo. Sin embargo, si llevas años quejándote, quizás ya sea suficiente como para darte cuenta de que *vives*, y eso debería bastar para disolver toda queja que tengas.

Cada queja te hace más pobre y cada sonrisa te enriquece.

Vuelve unas páginas atrás y ponle precio al tiempo, y verás todo el dinero que has perdido quejándote.

Que la vida te confronte violentamente puede ser abrumador y desgastante, es posible que te rompa los huesos; pero no seamos cobardes y hagámosle frente al miedo, a la duda, al dolor, a las críticas: ahí es donde pruebas de qué está hecho tu espíritu, verás crecer tu carácter y te elevarás de nivel.

De nada sirve llorar y angustiarse. Duerme, desenchufa tu ansiedad y descansa, que algunas veces hacerlo es la mejor forma de avanzar con rapidez.

Habla solo de victorias y te convertirás en tu mejor aliado. Ya hay suficientes enemigos por vencer para que asumas el

QUEMA TU DOLOR
QUEMA TU DOLOR
QUEMA TU DOLOR
QUEMA TU DOLOR

Y SU FUEGO
dará luz y calor a todos.

papel de verdugo. Vive el triunfo primero en tu mente, luego en tu corazón y finalmente hazlo realidad en tu espíritu. Las guerras planeadas son las que se ganan, no puedes reinventarte si te abandonas. Contágiate de los soñadores, de los atrevidos y de los valientes. Desecha esa idea de que nadie te ama, pero sobre todo convéncete de que hoy pasará algo bueno, de que alguien está pensando en ti y quiere bendecirte.

Tus frutos serán multiplicados y la cosecha tan abundante que deberás romper los muros de tus lagares. Primero la fe, después las señales. Dios ya tiene un plan perfecto para ti. Él ni falla, ni llega tarde.

Espera la lluvia temprana que te hará reverdecer.

Muchas veces nos hacen tanto daño que queremos hablar, decir lo que se merecen y exponerlos ante la sociedad. Es que existe gente a la que regalas tu tiempo y al final solo querían saber la hora. Pero no vale la pena, créeme, todos poseen una versión de los hechos, deja que el reloj de Dios ponga a cada uno en su lugar, los baje del columpio y la gravedad haga su trabajo. Callar es de sabios.

Guarda cada sílaba y sonido de tu preciada voz, y úsalos para aquello que bendice y resuena en lo eterno, tu boca es un manantial de perlas no un río de desperdicios.

Mis heridas pertenecen a las cosas más preciadas. He aprendido a amar cada grieta, cada raspón, traición, ansiedad, cada oscuridad, acritud, cada mueca y cada flecha. Aprendí a comer delicias y sobras por igual, siempre hubo días difíciles en los que el dolor fue paralizante, pero en ellos también aprendí a amarme.

Por un tiempo, dejé de prestar menos atención a lo que decían los demás y me zambullí en largas conversaciones conmigo mismo. Reinicié mi andar de adentro hacia fuera. Me di la oportunidad de asumir el «no». A mis años sé que *no* tengo que ir a donde *no* quiero ni me tengo que quedar en donde *no* quiero estar. Entendí que nada en la Tierra es para siempre, pero que aquello que cuidas dura más. Aprendí a acumular activos, no dinero. Descubrí que de las malas rachas nacen las buenas etapas; aprendí a amarme primero sin nada para que cuando lo tuviera todo jamás me olvidara de hacerlo.

Si ves a alguien vacío, llénalo de amor y no de juicios, y le harás un favor a todos. En el mundo vas a ser química eterna y cuando te despojes de tus ropas, hazle frente al espejo y no lamas tus cicatrices, apláudetelas porque eres lo que verás: inquebrantable.

> **Muchos agradecen el regalo de la vida. Me imagino a Dios preguntándose: «¿Y cuándo lo piensan abrir?».**

Un minuto de silencio por todas esas pasiones que enterraste y se han muerto junto a los «hubiera» y «casi lo logro». Dos minutos de silencio por los besos que no diste y las risas que callaste, los te amo que no dijiste y los abrazos que no iniciaste. Tres minutos de silencio por los deseos que se agotaron en tus miedos. Cuatro minutos de silencio por los riesgos y las batallas que no tomaste. Cinco minutos de silencio para que decidas, cambies y te jures que jamás, que nunca más, guardarás un solo minuto de silencio por un sueño muerto, por un «te amo» callado, por un riesgo archivado, por un abrazo detenido, por un deseo frustrado, por un «si tan solo...», por un «si hubiera...».

Se trata de morir más veces de las que te has sentido vivo, de llenarse de raspones y llagas; no hay talentos ni dones pequeños, solo dones aplicados con ímpetu insuficiente. Espera con la actitud correcta y mantente con hambre, aun cuando te estés derrumbando. Ni un minuto más de silencio en tu vida.

El dolor podrá nutrirte y elevarte en el amor, él puede llevarte a reconstruir tu ser, y hasta convencerte de redefinir tu propósito. Del dolor siempre mana algo servible y fértil si así lo decides; de lo que jamás podrás sacar provecho, es de la autocompasión. Habrás perdido si te dejas arrojar en ese pantano y decides montar allí tu tienda.

Lo que te lastima es tu resistencia a sufrir: No lo hagas, aprende y confronta, no retrases más lo que sabes que tarde o temprano va a llegar. La autocompasión es mortal y destructiva, así que levanta la cara y continúa el camino. Es ahora cuando debes decir: «¡Ya basta!» «Se acabó: he llorado suficiente». «¡Al carajo el luto!». «Adiós, que me voy de este ataúd».

Sal hoy. No será fácil, pero valdrá la pena.

Tu vida está hecha para asumir los más grandes riesgos profesionales que tu mente pueda imaginar; si no lo ves con tus ojos, créalo con tu boca y hazlo con tus manos. Conquista tu alma colonizando tu espíritu, y con ellos impondrás la voluntad del Rey. Da el primer paso y no te detengas nunca. Deja de pensar en lo que conseguirás y comienza a pensar en quién serás cuando dejes de quejarte de todo y lo des todo.

Muere tantas veces, hasta que te sientas vivo.

No es lo que logras, es en quién te conviertes a pesar de la incertidumbre y la falta de seguridad, a pesar de tus miedos y de la pobreza; lo que en verdad importa es quién serás después de tanto dolor.

Verás esta persona en el espejo cuando te atrevas a hacerlo todo y entregarlo todo.

Deja la autocompasión porque no sirve de nada. La autocompasión es estéril, haz sonar tu trompeta. Levántate, ve a la batalla, corre la carrera, quema la lona de tus tiendas. No importa el lugar al que llegues, lo que importa es que termines, que alcances la meta.

Muy pronto tus lágrimas no serán de sufrimiento, sino de alguien que ha terminado una crisis y está a punto de recibir un diploma de honor. Cree y haz.

A nadie le gustan los malos momentos, ni las dificultades, pero podemos vivirlos llenos de esperanza sabiendo que Dios hará buen uso de ellos. Él siempre los apuntará en nuestro beneficio. Creo que Él nos da la oportunidad de soportar situaciones difíciles para aliviar otros dolores.

El dolor se convierte en un maestro redentor que ha pasado la prueba de fuego. El sufrimiento y la traición son el cincel y el martillo que moldean tu bendición. Solo si logras verlo como un amigo sabrás compartir con él, podrás apoyarte en sus enseñanzas; de lo contrario será solo una emoción estéril, un padecimiento del que nada florece, un pesar que solo destruye.

El dolor que construye es el que te eleva y retira las vendas de la autocompasión. Si estás sufriendo y no estás aprendiendo, lo único que haces es llorar sin cambiar. No permitas que tu corazón se llene de orgullo y se haga sordo. Te verán y sabrán que la luz que brilla en ti no es pasajera, sabrán que tu fortaleza nace del espíritu y que cuando caminas, arrancas la oscuridad de otros con solo pasar.

Ecualiza tus ruidos, ponte en sintonía, no permitas que la pereza y el egoísmo dominen tus horas; somételos, y no les des vida a tus pensamientos contaminados, ni decidas irte con la inercia de la maldad. Extirpa de la educación la ira, la amargura y la autocompasión.

¿Cuándo has visto que salga algo bueno del enojo?, transfórmalo en generosidad y alegría. La vida es un gozo, una aventura; camina recto a pesar de los vientos y las tempestades, deja de tener deseos y conviértelos en convicción profunda. La resistencia a sufrir te impide ver en el dolor un regalo que fortalece tu espíritu.

Estas no son solo palabras de motivación: son un testimonio y una alerta. Atrévete a habitarlas. Saca el juicio que tienes en la mente, elévate más allá de la evidencia y de lo evidente. Saca lo ordinario de tu cuerpo y comienza a vivir de manera extraordinaria.

El problema no es que no puedas dormir, sino que se te acaben los sueños. Recupera tu capacidad de soñar. Quítate las vendas, seca las lágrimas, porque esa neblina entorpece tu visión. Date permiso, sin importar la edad que tengas; date permiso, sin importar cuántas veces te hayas equivocado. Date permiso.

Aprende del dolor que sí puedes volver a soñar.

La asignación que te pondré a continuación es quizás la más compleja de todas las que hayamos hecho. Esta es una actividad que no debes compartir, es enteramente tuya:

Vas a reservar tiempo —no tiene que ser necesariamente ahora— para dedicarte un espacio sin ningún tipo de distracciones. Durante no menos de 15 minutos y no más de 25 vas a escribir sobre ese evento que tanto dolor te ha causado. Si puedes cronometrar el ejercicio, mucho mejor.

> **He descubierto que las personas a las que admiro han sufrido mucho más que yo.**

Escribe, de puño y letra. Si te es natural escribir correctamente, con todos sus puntos y sus comas, hazlo, si no, también. No te preocupes por eso, este es un ejercicio totalmente íntimo y nadie, créeme, nadie lo va a leer.

El primer dia te escribirás una carta para que seas tú quien la lea. Es una carta que te escribes en este momento y te dices todo lo que sientes sobre esa situación.

El segundo día escribirás otra carta, la harás como si la otra persona involucrada en el evento la escribiera para ti. Si se trata de una pérdida, escríbela a nombre de esa persona que se fue; si se trata de una traición o una estafa, también. Puede ser alguien por quien sientas un inmenso amor o un rencor profundo.

El tercer día escribirás una carta para que tú la leas, pero la escribirás como si ya hubieras muerto y quisieras darte un mensaje.

El cuarto día escribirás la carta para que tú la leas, pero escribirás en ella lo que piensas que Dios te diría ahora.

Escribe con libertad y sin apresurarte por concluir. Cuando se acabe el tiempo, déjalo y ya. No te detengas a buscar la precisión sintáctica, la corrección gramatical ni la belleza en las palabras, lo único importante es que escribas para ti y que sea sobre ese evento que te generó tanto dolor.

El quinto día vas a tomar las cartas, y sin leerlas, te desharás de ellas de la forma que tú desees. Esto lo harás en soledad y sin distracciones, tomándote el tiempo que sea necesario.

Esta es una actividad para que te conectes con la situación, la muevas para que drene y tengas mayor control sobre ella. Pero, no quiero que tomes tu dolor a la ligera, si no puedes superarlo, busca ayuda. Ve donde un especialista: hay estados críticos que pondrían en riesgo tu vida y causarían mucho daño a quienes te rodean. Si no puedes encausar tu dolor, si no logras hacerlo fluir, quiero que lo veas con la misma preocupación con la que verías cualquier síntoma físico en tu cuerpo.

TENER ESPERANZA

ES EL RESULTADO DE TENER PROPÓSITO.

NO TE ABANDONES

Si estás a punto de caer y solo esperas el golpe letal, necesito decirte que debes volver a intentarlo. Aunque creas que no servirá de nada, te lo ruego, no te abandones, porque si descuidas tu salud, tu cuerpo dejará de responder y te fallará, porque si descuidas tu alma y tu espíritu, todo se derrumbará.

No le temas a Dios, porque la fe convierte el duelo en baile y las cenizas en diamantes.

Descansa. Aunque no lo entiendas, lo vas a recuperar todo, porque la fe es vivir anticipadamente. La fe es más que un concepto, es una forma de vida. Ve más allá de una experiencia espiritual: la fe es el antídoto para todos los problemas.

Activa esa esperanza, actívala. No importa si sientes que has muerto en vida. Bastará solo el deseo para encender el carbón de tu alma.

Mantente firme y espera el gozo y la paz, esa que está reservada para los que terminan la carrera.

Saca la espada, retoma la actitud de pelea, sé valiente. Que no importe tu edad; así tengas, 20, 30, 50, 60 o más, hay tiempo para abrazar la sabiduría y usarla de armadura.

Mira la belleza que te rodea, escucha la música, acaricia a tu seres amados, prueba el elixir de la vida, respira el aire fresco que solo sentimos cuando vivimos en paz. Tu ser está colmado de gracia.

Sé que pensaste que lo habías perdido todo, pero aún quedan batallas. Nada está perdido.

Un minuto antes de partir al sepulcro tendrás tiempo suficiente para cambiar el mundo y el universo entero.

¿Capisci?

Capítulo 17

¿Quién eres para que el otro sea?

No importa cuán angosta sea la puerta,
ni cuán plagada de castigos la sentencia.
Soy el amo de mi destino:
soy el capitán de mi alma.
William Ernest Henley

Muchas de nuestras angustias provienen de las relaciones con los demás: con nuestros padres, familiares, compañeros de trabajo y, como no, de las relaciones de pareja, a las cuales les dedicaremos su propio espacio.

Es, en buena medida, nuestra incapacidad para comprender al otro, sus motivaciones y perspectivas, lo que termina poniéndonos en situaciones de conflicto y dolor. Una de las cosas que hacemos peor es interpretar lo que esperan de nosotros, lo que piensan de nuestro andar y la posición que nos dan en su vida.

Todos somos diferentes. Por mucho que los gobiernos hagan intentos por igualar, nos las arreglamos para seguir siéndolo; aunque los ideólogos lo pretendan, es imposible que descosan el diseño universal. La diversidad es hermosa; y si no somos iguales, lo más sensato es que nuestros resultados y visiones de la vida tampoco lo sean. Somos metafísicamente distintos.

Sumando miradas es posible formar un solo horizonte.

Por algún motivo pertenecemos a una sociedad en la cual se penaliza el éxito ajeno cuando nuestra reacción debería ser estrictamente la contraria. Deberíamos celebrar los talentos de otros, no condenarlos. ¿Cuándo nos daremos cuenta de que la suma de virtudes nos hace mejores? El avance colectivo agrega valor. No deberíamos ridiculizar, ni desvalorizar a quienes llegan al éxito. Respóndete quién eres antes de preguntarte por qué la vida de otros es mejor que la tuya. El mundo no cambia, pero tú sí puedes cambiar el mundo en que vives. En ese metro cuadrado donde caminas, tú eres quien manda y nadie más.

Todos debemos preguntar de manera muy concienzuda qué gobierna nuestras vidas. Todos tenemos algo que nos

LOS AMARGADOS
SIENTEN
LOS ABRAZOS

MEDIO VACÍOS.

guía y debemos tener muy claro quién o qué produce ese movimiento. Todos debemos saber si tenemos bien tomado el volante de nuestro destino o si lo maneja alguien más.

¿Te dirige un temor constante? ¿Un problema? ¿Una angustia? Hay vidas que son regidas por la droga, por el sexo, por una emoción o una equivocación. Muchos deciden sus pasos en función de lo que piensan otros, incluso de las opiniones de gente que ni conocen y que tienen la osadía de demolerles al amparo de una pantalla.

Hay personas que persiguen la zanahoria de una duda o de una deuda, del dinero o del poder ¿Qué te dirige? He conocido cientos de personas cuya vida es regida por la culpa. Este es un sentimiento terrible, un tumor que debes extirpar. Hay miles de sentimientos y emociones que pueden estar dando vueltas al timón de tu existir. Vivimos huyendo. En ocasiones vivimos en una constante huida, deseamos escapar de los errores y nos ocultamos en la vergüenza que estos nos han causado: de allí proviene la culpa.

Quienes arrastran culpas son asesinados por sus recuerdos y permiten que su futuro sea controlado por su pasado; sin advertirlo, se castigan. La culpa es una autoflagelación innecesaria; de hecho, al sentirla buscas proteger tu ego y justificar los errores o la falta de dominio propio. Pero nadie es digno de juzgarte, así que deja de hacerlo tú.

Aquellas personas que no logran superar la culpa le abren camino a la ira y los que la albergan, estallan, tarde o temprano. ¿Conoces a alguien que la haya convertido en ira? Quien lo hace se enclaustra, interioriza el dolor y lo refleja en cada paso que da, para luego descargarlo sobre los otros.

Analízalo: ¿alguna vez te ha pasado algo bueno cuando experimentas un ataque de ira?, ¿alguna vez te ha sucedido algo extraordinario mientras sufres resentimiento? No, ¿verdad que no?

Es posible que la persona a quien le guardas rencor, o aquella en quien reflejas tu culpa, viva feliz, e ignore por completo tu existencia; puede ser que ya ni recuerde ese evento que te perfora el alma. Puede que esa persona duerma tranquila mientras tú hierves por dentro; ella da sus pasos hacia el futuro y tú aniquilas tu presente por anclarte al pasado. Si vives de este modo, si no te has desenganchado del dolor: le has entregado el control de tu destino.

Si no resuelves la ira, si la dejas avanzar, la amargura te convertirá en una de esas personas que se quejan de todo: que si «hace mucho calor», que «hace frío»; que si «está lloviendo», que «nunca llueve». Ninguna realidad es a su medida, todo los incomoda. Aunque intente ocultarlo, la persona que alberga ira es quien más sufre, y es bueno recordar que los que viven a su lado también la pasan mal.

Cuando cierres un ciclo, procura no quedarte adentro.

Ser necio es más que terquedad, es también no querer evolucionar, ni solventar los conflictos que se han creado con los demás. Quedarte toda la vida con una pena es una estupidez. Pensamos que sufrir nos hace mártires, que nos lleva a merecer la gloria porque hemos padecido demasiado. ¿Será que tu dolor hace que te sientas importante?

Decimos que nuestra tristeza es bondad y queremos que así la reconozcan las personas a quienes se la mostramos, pero ignoramos que no es más que necedad pura y simple.

Deja la amargura. La vida es emocionante sin importar lo que te haya pasado. Si te abandonaron, traicionaron, o cortaron un brazo, debes abandonar la amargura, que no es más que dependencia del otro.

No hay mejor idioma que la verdad. Aunque la verdad hoy es un tabú.

Muchas veces nos descontrola más la influencia que nuestro círculo ejerce que los hechos en sí mismos. Aprende a dar cabida a las opiniones diversas, pero analiza las situaciones de forma objetiva, sin admitir la malevolencia. Sé que dirás que es algo muy obvio, sin embargo, en el día a día no es tan fácil de identificar. Es por eso por lo que nunca debes permitir que se vilipendie al ausente, por muy grande que sea tu molestia. Siempre debemos dar la cara, mostrar transparencia de frente y de espalda: todas las recompensas en público y las reprimendas en privado.

—Oye, Danny, tengo que contarte algo que me acaban de decir de ti —me dijo con los ojos inflados de emoción.

—No me interesa lo que te dijeron de mí, sino por qué se sentían cómodos diciéndotelo a ti —le respondí, y lo detuve en seco.

Respeto cuando alguien me critica de frente, pero no a quien tiene mucha boca a mis espaldas y pocos huevos frente a mí. Tarde o temprano lo encaro con una sonrisa, y es que nuestras bendiciones les sacan ronchas a los malinten- cionados. Es preocupante cómo a la gente le parece tan normal ir dejando muestras de veneno por la vida. Es triste que haya personas que festejan las derro- tas ajenas por falta de victorias propias.

> **No le presentes tu niño interior a cualquiera, y menos para que juegue con él.**

Un amigo detiene la maldición, jamás participará en un juicio en ausencia. Corta la mecha antes de que explote la bomba. Nunca tomes una posición tibia. A nuestros amigos —y a toda persona con la cual nos relacionemos— debemos decirle las cosas a la cara.

Dice mi madre que hay dos tipos de personas: aquellas que serán capaces de donarte un riñón sin decírtelo y las que presumen de que lo harían, pero no se romperían ni una uña por ti. Debes saber identificarlos. Nadie vive de las opiniones ajenas, pero abundan los que trazan su destino con ellas. Nos quedamos sordos al consejo que nos ayuda, pero muy atentos al comentario que nos destruye, presta- mos más atención a las pláticas que maldicen a otros que a las que hablan de sus éxitos.

Cuando juzgamos, encajonamos a la gente en nuestros límites, le servimos nuestras ignorancia como postre. Cuida muy bien tus palabras, no sea que Dios te las sirva de comer. Muchos de nosotros solemos preocuparnos demasiado por encontrar los errores y las fallas de los demás cuando debiéramos analizar nuestra conducta. Creemos saber cómo pulir y perfeccionar la vida, los talentos y los resultados de otros; de hecho, somos excelentes para solucionar los problemas de nuestro jefe, pero no resolvemos los nuestros. Somos un desastre.

Cerremos los ojos ante los defectos y abramos el corazón a las virtudes. Intentemos que nuestros juicios no sean precipitados, que callemos cuando sea necesario y que hablemos en el momento oportuno. Seamos estrictos cuando debamos serlo, pero que nuestras palabras no sean destructivas.

Quien solo se junta con personas que lo aprueban no tiene amigos, sino porristas.

Una cosa es la reputación y otra la conciencia. Yo solo me ocupo de la segunda. Miremos a las personas no como son hoy, sino como podemos inspirarlas a ser.

Seamos perspicaces y aprendamos a identificar aquello que nos emponzoña. Hace meses le pedí a Dios que me quitara a mis enemigos y resulta que me quedé sin varios de mis amigos. Abandonemos la rebeldía sin sentido.

La rebeldía es un potente ingrediente en los cambios de la humanidad, suele estar cargada de pasión y de ira también; cuando la usamos sin propósito se convierte en simple hipocresía. Es una daga con doble filo que, usada sin sabiduría, te convierte en pote de humo, te llena de forma mientras te vacía de fondo.

La agitación sin sustento es insolencia, es vana, es frívola y predecible. Se diluye con facilidad ya que carece de la integridad que le da sustento a la insurrección y con ello a un cambio verdadero. Permanecer ofendidos con todo el mundo, porque así lo hemos decidido convierte nuestras acciones en movimientos mecánicos sin sentido ni efecto.

> **La rebeldía más incendiaria no parte de la violencia, sino del amor.**

Tenemos que encontrar una motivación clara, una creencia, una convicción por la cual estemos dispuestos a entregar la vida. La rebeldía necesita orden, disciplina, estrategia, enfoque, visión y amor. Ella es una caja de herramientas efectivas, pero sobre todo proactivas; no se enfoca en el otro, sino en nosotros mismos: no es «nosotros contra ellos», es *nosotros contra nosotros mismos*.

Por supuesto que en ocasiones es complicado desprenderse de lo que sucede a nuestro alrededor. Es difícil deslastrarse de algunas emociones e ignorar ciertas actitudes. Por ello, muchas veces, tomamos la decisión equivocada de endurecernos, pero el efecto no dura demasiado ya que nuestras reacciones acaban por demostrar cuán delgada es nuestra piel.

¿Para qué tienes corazón de piedra como armadura si lo que duele está por dentro? Si te ofendes rápidamente es porque tienes la piel delgada, y en consecuencia el corazón muy duro. Mejor cambia el orden: piel de cocodrilo, corazón bondadoso. Así dejarás de sufrir y amargarte por estupideces y ya no vivirás ofendiéndote por todo, con la idea de que el planeta entero está en tu contra y que nadie te entiende.

A una mente renovada la persiguen los milagros.

Que no te importe lo que el mundo diga de ti, pero que sí te interese el mundo. Nadie llega al éxito sin que otros se defrauden a sí mismos. A la mediocridad le incomoda tu empuje, y aún más cuando elevas el estándar de lo que consideraban bueno. No te pido que niegues el dolor, eso sería negar tu humanidad. Vivir en la ofensa es como quedarse parado en un banco de arenas movedizas. No hagas lo que esperan de ti aquellos que no te quieren. Tú, ámalos, bendícelos y olvídalos. Nada es más poderoso que nunca volver a mencionar sus nombres. En esta vida, que te importe el *qué dirás*, no el *qué dirán*.

Actitudes como la culpa, la ofensa y la rebeldía hueca ponen tu destino en manos de otros. Hagamos una prueba muy parecida a la que realizamos en el capítulo 11:

En el recuadro que encontrarás a continuación, escribe cómo sería tu vida si pudieras tomar todas las decisiones que quieres. Piensa qué sucedería contigo en un lapso de 5 o 10 años, tú decides.

Haz una descripción breve: imagina ese futuro que tendrías si a partir de hoy pudieras tomar cada decisión que anheles.

Yo tomo todas las decisiones   *Y en _____ años mi vida será*
de mi vida   *así:*

Ahora piensa en alguien a quien ames mucho; puede ser tu padre, alguno de tus hermanos o tu pareja, y repite el ejercicio. Esta vez, esa persona va a tomar todas tus decisiones. ¿Cómo sería ese futuro? ¿Cómo sería tu vida en cinco años si tu mamá siempre decidiera por ti?

_____   *Y en _____ años mi vida será*
toma todas las decisiones de   *así:*
mi vida

Vayamos a otra persona. Esta vez, escoge a alguien contra quien te hayas rebelado sin sentido o una persona por quien sientas culpa —algún corazón roto, quizás—, y repite el ejercicio.

_____
toma todas las decisiones de mi vida

Y en _____ años mi vida será así:

_____

La realidad nunca será tan extrema, quisiera que recuerdes estos resultados cada vez que sientas que le das el control de tu destino a otro que no seas tú. Si alguien salió de tu vida, dile que se vaya y que no se quede en la puerta porque estorba.

Si eres de quienes le da mucha importancia a las redes sociales, a lo que dicen otros, a sus comentarios, haz también este ejercicio, pero está vez será uno de esos personajes del ecosistema digital quien decidirá por ti e influenciará tu vida.

NADIE POSTEA SUS FRACASOS

Jamás mires los números pensando que eres uno de ellos; no te obsesiones con los *me gusta*, porque tú no eres un número, muchísimo menos la transfiguración de un mundo digital. En verdad no importa cuántos *likes* alcances cada día o qué tan notable es tu trabajo. No te obsesiones con los premios, los reconocimientos, ni los aplausos. No te estanques en las críticas digitales, ni des crédito a las relaciones virtuales. ¿Te das cuenta de que enfrentas una abstracción de la ira de millones de personas? Usamos las palabras como si no fuéramos responsables de ellas, como si estas no estuvieran cargadas de consecuencias.

Hemos degradado las relaciones humanas, como si no nos importaran los demás. El mundo *online* les permite a miles de tímidos ser escuchados. Lo negativo es que desinhibe otras actitudes y convierte a ciertas ovejas en lobos sin leyes ni piedad.

La comunidad digital siempre te dirá que no eres suficiente: ni suficientemente apuesto, ni suficientemente bella, ni suficientemente inteligente, ni suficientemente talentosa. Siempre hay alguien que tiene más que tú.

Muchos terminan por comparar sus vidas de manera cruel y absurda, a apreciar su cuerpo con el espejo distorsionado de las redes sociales. No le des cabida a esas actitudes en tu mente ni en tu corazón. Nadie *postea* sus *fracasos*, nadie publica sus lágrimas, ni sus terrores. El éxito suele ser un mentiroso y un tirano; si le crees todo va a terminar por encadenarte, te neutralizará, y va a apagar tu voluntad de ser mejor. De hecho, ya no vas a querer atreverte más por el miedo a perder lo mucho o poco que hayas conseguido.

Cada día se nos pasa más la humanidad y nos convertimos en la abstracción de una cifra, de una estadística que ahora representa una versión de lo que somos. No te tomes tan en serio este mundo virtual, apréndete las reglas y listo, no te extravíes en él. Mejor dale *me gusta* a tu vida.

No vuelvas a comparar tu vida con la de ninguna vitrina.

Jamás una relación *en línea* podrá equipararse a un encuentro cara a cara. Nunca.

Capítulo 18

Como un intruso

Me llevó a la sala del banquete,
y sobre mí enarboló su bandera de amor.

Cantares 2:4

Dejaríamos inconcluso nuestro recorrido por las relaciones humanas si no profundizamos en las relaciones de pareja. Tengas o no una persona a tu lado, sea la indicada o no, los inquebrantables deben amar como deben vivir: sin reservas, sin miedo y sin mentiras.

El amor es la decisión más alta y profunda que existe, es la cúspide del conocimiento y del entendimiento. Es la forma tangible de la esperanza y de la esencia humana. El amor en sí es el único acto que en verdad importa, todo lo demás es puro relleno.

Creo que el infierno es ese lugar donde no existe el amor. De ser así resultaría mucho peor de lo que nos han contado. El amor es magia pura, no lo arruines con trucos ni palabras baratas. Su poción viene en distintos envases, sabores y matices; pero su hechizo solo funciona si lo invocas con compromiso. El amor demanda sacrificio, mansedumbre, humildad y exige una ética suprema. No se trata de ti, ni de tu propia satisfacción, se trata del otro.

Ama siempre que puedas, y la verdad es que siempre puedes.

En el amor hay pactos y pautas; del mismo modo en que tus padres establecieron las reglas en tu hogar, —te hayan parecido buenas o no—, las hay en el amor. Piensa por un momento, ¿qué sería de tu vida sin estas reglas?, ¿qué sería de una compañía o de un negocio sin orden ni disciplina? Ningún logro está exento de consecuencias y sacrificios. Si lo haces por el otro es honra y entrega, si lo haces solo por ti, no es más que soberbia.

Si tu amor no se trata de sacrificios, ¿por qué hay otros prestos a dar la vida por él?

No reduzcas tu amor a un listado de aptitudes que debes completar; es un error creer que encontraremos la felicidad en el otro: la felicidad está en ti, y Dios la puso allí para que pudieras compartirla.

Se trata de que esa persona sea responsable de tu «¿qué me pongo hoy?», de tu «¿a dónde quieres ir?», se trata de

EL AMOR

es la fuerza motora
del universo.

orar juntos, de que sean tres: ella, Dios y tú. Se trata de que te pierdas para encontrarte en su mirada, de hacerla reír y de que seas tú quien termine babeando con su sonrisa. Se trata de no querer cambiar al otro y de que el otro, por esto mismo, decida cambiarlo todo por ti. Se trata de que, en un mundo enfermo, esa persona sea tu medicina y de que pierdas tú para que ganen ambos.

Muchos dicen que si amas algo, debes dejarlo ir; yo respondo que solo un cobarde dejaría ir a quien ama. Si no consigues su amor, por lo menos sabrás que diste la vida por lo inmenso.

Cuando das esperando recibir, eres esclavo de tu vacío.

Conozco muchas personas que se entregan sin reserva en una relación y sienten que no son correspondidos. En muchos casos se alejan, cuando deberían hacer todo lo contrario. Si estás al lado de alguien frío, la solución es sencilla: bésalo tanto, abrázalo tanto y ámalo tanto que lo derritas. El fuego no se congela, arder es una combustión interna.

Damos porque nos sobra por dentro; si tú das esperando intereses, entonces no sabes dar. Así que evita la decepción creyendo que otros harán por ti lo que tú hiciste por ellos. No te arrepientas de hacer cosas buenas por las personas equivocadas, tu recompensa ya está registrada en lo eterno. El amor es la única acción y decisión que vale la pena, es la única espada que atraviesa el tiempo y lo parte en dos, es un arma forjada con una aleación que no puede ser destruida.

Recibe mis palabras sin género. Al leerlo pon una «o» donde yo puse la «a», pero siempre coloca el amor como único acento. Ve y cautiva a esa persona, porque muchas veces el momento indicado llega cuando ya no estamos. Pero sé perseverante, aduéñate del espacio poco a poco, no te apresures. Conquista su piel con detalles y poemas, pero colonízale el alma con hechos y verdades. Sé como un niño, pero no juegues con los sentimientos porque estos siempre ganan haciendo trampa.

En las relaciones no se posee, en las relaciones se entrega.

Hazle saber que la escogiste como tu canción favorita, que la amas tanto que te hace cantar, que si ella se corta, tú te desangras; grita a los cuatro vientos que es tan hermosa que la lluvia se moja con ella, que es tan sublime que pensarla te produce vértigo, que la amas sin letras y sin palabras, que tu alma es de ella y que le regalarías tu espíritu si Dios te lo permitiera. Ámala en silencio, a susurros y a mordidas.

Recuérdale que cometerías crímenes si te encerraran con ella, que te alborota los cinco sentidos y el sexto, que es la vida. Dile que cuando cierras los ojos te resuena el pecho de tanto extrañarla. Y si al final del camino, una noche, ya de ancianos, la encuentras desarreglada, haz que tu corazón le deje claro que una sonrisa suya llena de júbilo tu alma. Sé como un intruso que, en lugar de tomar lo que no era suyo, se dejó robar por ella.

El amor nace del todo y destruye la nada. No porque hayas llegado en el último lugar a un corazón significa que

Quien se une por dinero, por dinero se separa. Quien se une por sexo, por sexo se separa.

eres menos importante, sino que nadie antes que tú fue suficiente como para mantenerse en él. Hay quienes buscan media naranja para completar su mitad perdida, tú enfócate en buscar una completa para exprimirte con ella.

El amor es de dos, en la piel y en el alma. No necesitas tener sexo con un tercero para ser infiel, cuando empiezas a borrar mensajes, a mentir sobre llamadas, a omitir dónde y con quién, ya estás allí. Si no deseas continuar en una relación, si no te fascina la persona con quien compartes las sábanas, si sientes que no te hace crecer ni temblar, vete. Ten un poco de vergüenza y di la verdad: dile que no quieres continuar, pero no des largas a una farsa. No pierdas tu costilla por buscar pechos o una ración de bíceps.

Es mucho peor cuando la infidelidad alimenta la venganza: le entregas tu cuerpo, tu calor y tus besos a alguien para lastimar a quien está ausente. Con ello solo te castigarás a ti. Al final, todos pierden: el infiel pierde, el engañado pierde, y quien se acuesta con un infiel terminará del mismo modo.

Tú podrías ser feliz con tu pareja o estar en paz sin ella. Igualmente, puedes tener a alguien y ser profundamente infeliz; quizás sufras porque hay un lado de tu cama que está vacío, y eso te atormenta. Puede ser que tu par culminó su paso por este mundo, que hayas finalizado tu relación en los mejores términos o en la más desgarradora ruptura, no sería raro si has vivido dos o más de estas situaciones en tu andar. Cada caso es totalmente diferente al otro, por lo que no hay una aproximación única de cómo analizarlos. Pero hay algo que comparten todas estas situaciones: en todas estarás tú.

Quiero que hagamos aquí la versión simplificada de un ejercicio un poco más complejo. Más abajo encontrarás las piezas con las que erigirás el edificio de tu vida.

Tienes una base, cuatro pilares y el techo. Titula cada una de estas partes con los elementos que consideras la base y el soporte de tu diario vivir. Puedes escoger, no importa qué nombre les des siempre que sientas que otorgan sentido a cómo ves tu vida: dinero, educación, diversión, familia, trabajo, sexo, ética...

Hazlo ahora.

Aquí pondré un ejemplo, pero es solo ilustrativo. Quiero que uses tus propios criterios para construir este edificio.

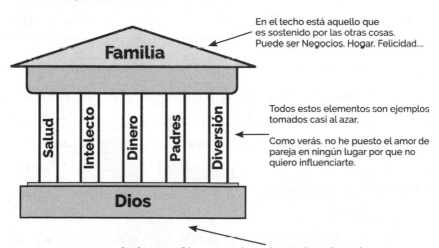

En el techo está aquello que es sostenido por las otras cosas. Puede ser Negocios, Hogar, Felicidad....

Todos estos elementos son ejemplos tomados casi al azar.

Como verás, no he puesto el amor de pareja en ningún lugar por que no quiero influenciarte.

Aquí pongo a Dios porque sin esa base todo se derrumba, pero la tuya puede ser tus valores, tus creencias, tu equipo favorito. Esto es tuyo. Lo importante es que luego los puedas interpretar. Por supuesto, también puede ser el amor de pareja.

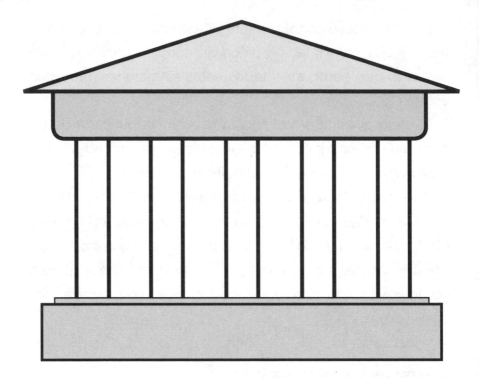

Quiero que veas dónde has situado cada elemento. Presta especial atención dónde has colocado el amor de pareja. ¿Es la base de todo? ¿Es un pilar? ¿lo has puesto sobre el techo?

En mi caso, la base lleva el nombre de Dios, porque para mí sin Él todo se desplomaría. ¿Has puesto el amor de pareja como base? Entonces, ¿qué pasará con tu vida si ocurre una ruptura o una pérdida? ¿Has puesto el dinero como base? Entonces, ¿qué pasará con el amor que está arriba cuando falte el dinero?

El techo temblará si falta uno de los pilares, pero no se vendrá abajo; ahora, si falta la base no habrá ni techo ni pilares. Yo puse mi fe a soportar toda la estructura, pero si no eres creyente, allí puedes colocar tus valores, honestidad o mística personal.

Mira dónde has puesto el amor de pareja, ¿qué lo acompaña?, ¿qué será tu soporte? Mucha gente se hace dependiente del amor de pareja y se derrumba cuando este falta. En consecuencia, le abren la puerta a cualquiera con la esperanza de rehacer su vida o se mantienen en relaciones dolorosas.

Si quieres complicar un poco el ejercicio, coloca un segundo piso. Si lo haces debes recordar que arriba deben estar las cosas que tienen un precio (p. ej. casa, herramientas, cursos, etc.) y abajo las que no (p. ej. actitudes, disciplina, fe, etc.).

Tanto los que no comparten sus días con alguien —porque no ha llegado, porque no funcionó o porque Dios los destinó a otros planes— como quienes tienen pareja, saben a quién debieron abrirle las puertas del corazón y a quién no. Aun con este radar espiritual, somos unos necios, y seguimos adelante incluso cuando la luz roja se enciende y gira desenfrenadamente.

Somos ambiciosos en todos los aspectos de la vida, excepto con nuestros sentimientos. Muchas veces nos conformamos con lo poco que alguien puede ofrecernos; nos engañamos y creemos que eso es amor.

Es un gran error enamorarse del amor antes que de la persona. Haz una pausa, analiza si lo que ahora sientes no es un deslumbramiento o una llama fugaz. El amor no es una emoción ni un sentimiento, es una decisión imperfecta, y el verdadero amor se perfecciona con el tiempo. Llámame romántico, idealista, soñador o ridículo, pero mis hechos son estos.

Sentimos la presión de la soledad y creemos que es mejor estar acompañados sin importar el costo. Por ello le abrimos la puerta a cualquiera que al primer guiño nos empuje a morder el anzuelo, nos aventuramos en un derrumbe emocional por no tener una base firme.

Si ves el amor como un contrato, harás un mal negocio.

Hay quienes se enamoran mil veces de la misma persona, que aparece con diferentes disfraces y máscaras. Una noche por aquí, una noche allá, saltando de cama en cama, terminamos por rompernos el alma, perdida la fe en el amor y en medio de un juego de intercambio de aquello que nos mantiene vivos. Cualquier relación que se soporte en algo más que el amor y el compromiso de construir una visión en conjunto no pasará más allá de ser un ensayo.

En el capítulo anterior hablábamos de cómo hemos sido capaces de renunciar al timón de nuestra vida. Lo mismo sucede en las decisiones amorosas: sentimos la presión social y creemos que es mejor estar acompañados, adormeciendo nuestra impaciencia, que estar solos y amarnos profundamente.

Nos dicen, además, cómo deben ser las personas que debemos amar. Nos imponen los patrones y sin conocer cómo son, solo al verlos les ponemos un sí o un no. Claro

Si el
AM
OR
es tu respuesta,

jamás
importará
la pregunta.

que la belleza física es un atractivo, nadie lo niega, pero asegúrate de buscar una persona, no un listado de atributos.

Yo adoro a mi esposa y la encuentro guapísima, los ojos se me pierden en su busto, pero tengo muy claro que llegará el día en que ese escote ya no lucirá igual: también sé que ella seguirá encendiéndome cuando eso suceda. Que el cerebro sea tu mejor escote, que tu alma sea más seductora que tus músculos.

Quédate con quien te abra espacio en su vida, porque en su cama cualquiera te lo hace. De acuerdo a tu carnada, tu depredador. Es extremadamente difícil porque es una lucha contra la forma en que has amado, pero reaprender será menos doloroso que arrancarte los anzuelos.

Si has caído mil veces en la misma red, ¿por qué sigues buscando en el mismo mar?

¿Recuerdas? Te engañaron, maltrataron y mintieron, o simplemente se fueron. Sabías que era la persona equivocada, pero seguiste adelante. ¿Dónde buscaste? ¿En qué rincón te conquistó?

Recupera tu autoestima y dile «no» a esos errores. Pero no dejes de intentar, conviértete en la mejor posibilidad del amor. Arriésgate: en el amor es mejor que te rompan el corazón, que dejarlo que se convierta en piedra porque huyes de él.

ME HAN ROBADO

—¡Me robaron! —grité. Y cuando el pecho se me abrió, el corazón que antes latía para mí, pegó un brinco y se echó a correr como un perro hambriento tras ella. El robo lo perpetró una mujer de pelo negro, nariz de alfiler, pequeña de estatura, pero inmensa como el universo.

Escondidos en su pecho, nuestros corazones hablaron en secreto y pactaron que vivirían el uno para el otro, y así fue. Así es y así seguirá siendo.

Ya no cuelgo los afiches de «Se busca». Ya no persigo a la ladrona porque sé que no fue un hurto, sino un apartado celestial. El Padre me hizo para ella y la hizo a ella para mí.

Recuerdo que nadie creía en nuestro amor, que se mofaban, que nos enjuiciaban, que nos miraban raro y nos disparaban dardos. Aquí estamos, y ellos no: «A cada árbol se le reconoce por su propio fruto», dice la Palabra.

He perdido pelo, pero no el gusto de abrazarte. He perdido negocios, pero no la alegría de gastarme para ti. He perdido pedazos de piel, pero no el roce de tus manos; he perdido amigos, pero no tus buenos días; he perdido aviones, pero no las nubes a las que me elevas. He perdido tiempo, pero no las horas en tus brazos; he perdido mucho, pero contigo lo tengo todo, porque me amas y te tengo.

Tú, esposa mía, eres mi mayor éxito y mayor bendición, entre más verdades digamos sobre Dios, más mentiras dirán sobre nosotros; pero qué importa si tú, Él y yo somos mayoría. Que el mundo se quede con sus fortunas, que la gente se quede con sus nombres y con sus aplausos, porque conseguir éxito y fama, cualquiera, conseguir títulos grandilocuentes, cualquiera, porque ganar premios y monumentos, cualquiera, porque los he visto tener éxito en la vida pública, pero no en la privada.

¿Cuánto vale la vida si no tienes por quién perderla?

No se necesita ganar, sino perderlo todo por el otro, por eso insisto en que el mundo se quede con el mundo, porque yo te prefiero a ti.

Como no te puedo amar más, creo que las mariposas ya se me salieron del estómago para volarme en la cabeza. Por ello, cuando me preguntaron sobre las drogas, yo les hablé de tu sonrisa.

Así que quiero que sepas que no importa lo grande o lo pequeño de nuestro hogar, ni cuán ancha o angosta es nuestra habitación, siempre que podamos vernos a los ojos, y saber que el infinito cabe en nuestras miradas.

El sexo y el amor no son un laboratorio de ensayo, no son el resultado de la prueba y el error. Ama perdiéndote en Dios de tal manera que quien te ame tenga que preguntarle a Él cómo conquistarte. Revalorízate, no cualquiera debería besar tus labios, no cualquiera debería tocar tu pecho, ni desnudarte el alma. Todos, todos podemos ser hombres, pero pocos son caballeros; muchas serán mujeres, pero no todas serán damas.

Caballeros, antes de buscar una princesa encantada, asegúrense de que tienen una corona que ofrecerle.

Damas, antes de esperar a un príncipe azul, asegúrense de que tienen un corazón que lo tiñe todo de colores.

El amor no es un examen que se aprueba, no es una película que se califica, no es una audición para hallar dignidad. El amor no conoce de estereotipos, de clases ni de razas. El amor destruye todas las cadenas y pega todo lo que está roto.

Esposa, estrella de mar, mi luz, mi amiga, mi amante, mi socia; eres tú con quien deseo estar hoy, mañana y siempre. Pensar en el infinito me emociona, ¿sabes por qué?, porque es saber que nos falta muchísimo por caminar juntos. Amo las primaveras, los otoños y las oscuridades a tu lado, los dolores son la gloria de aquellos que hemos entendido que venimos a este mundo a amar. Tú me has hecho amar como Dios manda.

Mira cómo se demora el sol, que se niega a irse al poniente para seguir contemplando tu belleza.

Mejor enamórate de alguien que no se pierda; derrítete por las convicciones, los valores y las sonrisas. El amor es un acto divino, porque aquello que se une en el cielo no se separa en la tierra.

Capítulo 19

La vida se lee con los pies

¿En qué te ofendo, cuando solo intento
poner bellezas en mi entendimiento
y no mi entendimiento en las bellezas?
Juana Inés de la Cruz

Las personas con quienes compartimos nuestra existencia son las que le confieren sentido. También estamos nosotros y este mundo que nos han legado. Cada día debemos descubrirlo como si acabáramos de llegar. Los inquebrantables viven apreciando la belleza. La vida es más deliciosa cuando sabemos descifrarla.

La belleza está en todas partes, agazapada en los rincones, ella espera que la aprecies. Mírate al espejo y descubre cuánta belleza encuentras en la obra de Dios.

Si bailas con tu corazón, tus pies comenzarán a volar.

Me fascina conocerme, saber de qué estoy hecho por dentro y por fuera, cómo son mis manos y por qué tengo dedos. Me gusta utilizar todo mi cuerpo, ya que todo lo que tengo lo tengo por algo. Quiero examinar todas las funciones de mi lengua, quiero sondear todos los ritmos y arritmias. Quiero pisar duro, ir despacio, caminar, trotar, huir, volar y bailar.

Quiero andar con pelo corto, con pelo largo, estar calvo, gordo y desaliñado. Quiero ver cómo lloro en otoño y cómo abrazo en verano. Quiero hincarme y levantarme. Mi pasión es todo lo que tengo, todo lo que soy, todo lo que he sido y seré. Quiero vivir todas las aventuras que el mundo tiene para mí. Quiero aprender y desaprender.

Me intriga mi mente, me fascina la tuya. Me cautivan el ADN, la dopamina, la oxitocina, el dolor, las emociones y el miedo. Me gusta deglutir, sucumbir ante la intolerancia a la lactosa, desafiar a la bacteria que insiste en matarme y aún no lo logra. Me gusta asecharme, cazarme y capturarme, guardarme y callar, tener instantes de furia y ver cómo desplaza a mi razón. Me gusta pedir perdón, gritar y explotar.

Me gusta incomodar, percibirme vivo, sentir pasión. ¡Qué delicia saberme único y no una copia pálida de otros! ¡Qué virtud es la unicidad! ¡Qué locura es ser solo yo! ¡Qué

maravilla es verte a ti! No te compares, no te deformes. ¡Eres irrepetible!

Disfruta de ti y de tu entorno. Regálate un tiempo en soledad. Hay momentos en la vida en que hemos cometido tantos errores que ya ni sabemos cuáles son nuestros y cuáles no. Acumulamos tantas deudas con nosotros mismos que no tenemos idea de cómo pagarlas, nos sometemos a estándares tan altos que nos duele el cuello de tanto erguirlo.

> **Vive, porque muchas veces la vida se termina antes de que llegue la muerte.**

Es entonces cuando visito a esta amiga incondicional, la más sincera de todas las guías. Me siento en su regazo disculpándome por las largas temporadas en que olvido que está allí esperándome, fiel, pronta a decirme lo que no he tenido el coraje de escuchar.

Debemos bajarle el volumen al ruido que nos rodea y poner el silencio al máximo para encontrarnos con la soledad, ese manantial inagotable de belleza en cualquiera de sus notas.

Cuando estaba en su morada, me atacó un sueño imposible que se coló por la puerta del quizás. Con la suavidad de sus manos aprendí a cortarme el cordón umbilical, descubrí que no siempre era necesario compañía para sentir a alguien. En la soledad nos pasan cosas increíbles, experiencias que nos llevan a pensar y a orar. En su seno dije todo aquello que pocas veces hice, su tierna voz desató mi diálogo interno, me preguntó, me propuso y me retó. En la frescura de su sombra dudé, me reafirmé y construí un pensamiento crítico.

Ignorar la soledad es perder la oportunidad de disfrutarnos plenamente. Envueltos en su calma nace la rebelión de las nociones. Su silencio bala, ella revólver. En su inmensidad nace la belleza en forma de preguntas, esas que son vitales a nuestra existencia. En la vida te enseñan a pedir disculpas, en la soledad aprendes a aceptarlas.

En ella no siempre se detonan estados de nostalgia; la soledad es también un lugar placentero, pero hay muchos que, en lugar de hallar refugio en su quietud, la usan como cárcel porque el mundo los ha decepcionado, ya que esperan más de otros que de sí mismos. La soledad es de esas clases en la vida, donde pocos sacan buena calificación.

La soledad no te cambia, solo te dice quién eres.

No tengas miedo si tu corazón está lleno de amor. No saber amar no es soledad, es desolación. La soledad no se evita, se vive. Es un océano profundo de salvación, es una decisión que afina tu capacidad para comprenderte y comprender la belleza que te rodea. Nos lleva a lugares inexplorados del alma, nos ayuda a replantear nuestros valores y convicciones.

Cerrando los ojos se puede viajar a los lugares más desérticos y tormentosos de la mente y el alma, hospedarse como un extraño y observar, por la rejilla del corazón, cómo nuestros pensamientos copulan y ríen. Hay demasiada belleza por ver en la vida, demasiada vida por ver en la belleza.

Cómo ves la vida define el empuje de tus dones y talentos:

Si la ves como una carrera, apreciarás la velocidad.
Si la ves como un juego de naipes, apreciarás la suerte.
Si la ves como una fiesta, apreciarás el disfrute.
Si la ves como una batalla, te enfocarás en el triunfo.

Una mirada fugaz e impaciente jamás podrá compararse con otra curiosa y profunda. ¿Cómo pretendemos entender y discernir si no nos damos el tiempo para ingresar con sutileza a la infinita potencia que yace delante de nuestras pupilas? Son pocos los que se dan la oportunidad de tener tiempo. Somos una cultura que vive a través de los constantes e incalculables estímulos visuales que segundo a segundo nos invaden la mente y el alma. Tengamos cuidado con qué alimentamos nuestra mirada y con qué nutrimos nuestro espíritu. Deja de admirar aquello que no tienes; nos acostumbramos a desear desde una perspectiva hueca y consideramos que nuestras carencias son más grandes que nuestra plenitud.

Hay tanta belleza allí afuera que necesitaríamos mil vidas para ver una milésima parte de ella. Los inquebrantables salen a buscarla porque cada día es una aventura.

Al despertar, liquida a esa asesina llamada rutina.

No soy viajero, soy aventurero. En el viaje de la vida no soy turista, no vine a ver lo que otros me muestran, vine a oler y a comer como yo quise, no como dice el guía del *tour*.

Viajo sin equipaje, pero llevo sobrepeso en el corazón. Todo lo que necesito está dentro de mí, por eso viajo sin importar el lugar: quien solo persigue un destino sin aprovechar la travesía no es más que un pasajero. Me gustan los viajes en que no sucede nada de lo previsto, nada de lo que deseábamos ni de lo que creíamos.

Cuando viajo, no aprendo del lugar, el lugar me hace aprender de mí.

Me gusta nadar hasta donde no se vea la orilla y subir hasta perder de vista el suelo. Siempre he sentido adicción a viajar, al principio lo hacía por necesidad, luego por curiosidad y deseos de conquista. Sea como sea el viaje, siempre asumo como una experiencia lúdica, el juego de vivir.

Me gusta ser la visita que llega a su propia casa. Me gusta la inquietud que me genera irme y la melancolía que me produce regresar. Viajar reafirma que todos debemos partir un día.

Para viajar no es necesario recorrer miles de kilómetros, se viaja incluso en las calles de tu barrio, de tu ciudad, o de tu provincia. Es solo cuestión de cambiar de ojos para observar el entorno con una nueva perspectiva, vaciarte de lo cotidiano para colmarte de asombro.

Cuando tu entorno se vuelve común y siempre hablamos el mismo idioma, ves, haces, vas o comes lo mismo, corres el riesgo de dormirte en la inercia y de que todo se vuelva mecánico. Viajar, y vivir como en un viaje, aniquila la ignorancia y arranca la mediocridad, porque donde tienes tus pensamientos encaminas tus pasos. Muchos dicen: «Ya viajaré», «el año que viene», se la pasan planeando, esperando el momento indicado, pero cambian el boleto por un listado de pretextos y se olvidan de que el momento es este. Yo le compré un boleto a la voz que pedía aventuras y experiencias.

El tiempo es invaluable. El *kronos* no es tuyo, pero tú puedes influir en el *kairós*: no puedes asir los minutos, pero sí provocar los instantes.

Mira la belleza a tu alrededor. Quien no se sorprende con las maravillas de lo cotidiano no entiende de qué se trata la vida. En este segmento, quiero que salgas a ver la belleza, que seas un viajero en el escenario de tus días. ¿Hace cuánto no te emocionan las maravillas de tu cuidad o de tu barrio?

Quiero que salgas. Siéntate en la plaza del parque, tómate una foto en los íconos que ves todos los días, maravíllate con ellos. Quizás has pasado tantas veces por allí que no te has detenido a ver la belleza en la fachadas y los rostros, en las esquinas y los mercados. Tómate un café con la calma de los jubilados y mira a los niños jugar.

Cuando descubras algo hermoso, algo que hayas visto mil veces sin percatarte de su belleza, tómale una foto, como si fuera la torre Eiffel, la pirámide de Giza, o el Big

Ben, quizás sea incluso más bello y tenga más significado para ti. Allí donde estés, en Villavicencio o en Rosario, en Concepción o en Cumaná. Ve y publica una foto tuya con la etiqueta #LaVidaSeLeeConLosPies #Inquebrantables y luego coloca una etiqueta con el nombre de tu ciudad o de tu barrio #Mazatlán, #Arequipa o #Lavapiés.

¡Hazlo! Solo hazlo. Mira que el tiempo pasa como un puñado de sal en la mano izquierda y un puñado de luz en la derecha. Hay demasiada belleza que se pierde. Un pestañeo y estás, otro y ya no.

Tu hogar es también un paraíso por recorrer. Lo más hermoso de viajar es volver y darte cuenta de que ya no cabes en la misma caja. Viaja, que la vida se lee con los pies.

¿Cuándo aprenderemos que se vive de adentro hacia afuera?

Construye una realidad de la cual no quieras escapar, una de la que no necesites vacaciones. En este viaje es necesario perder la maleta, aprender, pero sobre todo desaprender, perderse y encontrarse, buscar respuestas y regresar con más preguntas, ilusionarse y despertar, emborracharse de nostalgia y reírse de las lágrimas.

Sé tú también fuente de belleza. Que tu rostro ilumine el viaje de otros. La oscuridad le teme a la luz que emana de las profundas aguas del dolor. Una sonrisa no solo ilumina, sino que también emite calor, ya que emana de la combustión que hace arder la eternidad. Tu sonrisa puede cambiar la realidad y sus imperfecciones, es un rayo de luz tan potente

Todas las batallas son victorias cuando terminan en una sonrisa.

que tiene la capacidad de dar esperanza a un mundo cada vez más enfocado en sus conveniencias que en sus convicciones.

Sonríe a pesar de tu ansiedad y de tu tristeza. Muéstrale a tu mente que, aunque ella no logre entender la complejidad del caos, tú tienes un poderoso cañón en los labios y que tus dientes son municiones expansivas que le van a abrir un boquete a la depresión. Sonríe sin razón alguna, sonríe porque sí, sonríe porque puedes y porque tienes boca, sonríe porque así confundes al mal y motivas al bien, sonríe porque aligeras la carga de los abrumados.

Aunque estés destrozado, sonríe, porque eres gracia y amor. Eres digno de tu sonrisa. Créeme y lo verás, pero primero sonríe, porque tu boca es un arsenal demoledor. Ordénales a tus labios que rompan fila y le quiebren el cuello al miedo.

La vida es una asignación personal y no la puedes aplazar más:

Valoramos más la casa que el hogar.

Valoramos más la tierra que los pies que la pisan.

Valoramos más el dinero que los talentos que lo produjeron.

Valoramos más el regalo que las manos que lo entregan.

Valora la belleza, que ella te espera en el presente: las fragancias del amor, las caricias de la lluvia, los sabores de tu infancia, los azules intensos, el regocijo de la música. Están allí, ve a buscarlos.

Me
gusta
viajar
comiendo
en

MUSA DEL COSMOS

El Eterno abrió Su corazón, sacudió Su mano y tomó el universo como arpa, marcó el tiempo tronando los dedos y naciste tú. Naciste tú del todo, no de la nada.

El primer sonido complació Sus oídos, y, sorprendido, sonrió. En un baile creó la ópera del cosmos, le dio planetas y espacios, estrellas y hoyos. Fue tal Su alegría que hizo la tierra y sus seres. Pensó en el croar del sapo, en el silbido de las aves, en el crujir de las montañas y en el susurro del búho.

Musa del gigante, voz del cosmos, espada del hijo que apaciguas el espíritu y lo ensanchas más allá del *kronos*, penetras las venas y separas las tinieblas; tus notas son truenos que destruyen los espinos del olvido; el do y el si, que llenan el vacío; el mi y el sol, que le dan sentido; el re y el fa, que le dan duro y tupido, lento y sin pausa. Le dan cadencia y humedecen la entrepierna.

Salvaje sonido, fiero rugido. Todo se crea y se destruye con matices y sabores orquestados por el alma. Bendito viento que te desgarras entre los instrumentos y repartes tu armonía a los caídos y los perdidos. No te detengas, suena más y más fuerte, suena más y más lejos, ya sea en un piano o en un oboe, en los acordes de Mozart o en la voz de Callas, en el dolor de Barber o en el enojo de Wagner.

Gracias. Gracias por el contrapunto y el vals, por el *rock* y el metal, por la voz desnuda de una vocal.

Bendita seas porque mi corazón existe para buscarte, mis oídos para admirarte, el alma, para extrañarte y la mente para crearte. Bendita eres, más bendita que la tierra y que sus mares. Tú me has arrancado aullidos y delirios, sonrisas y muecas, dudas y presencias, locuras y calmas, placeres y amaneceres; sin tú saberlo te lo he entregado todo. Te podría cantar hoy y siempre, te llevaré a la batalla y a mi boda. En mi funeral, echaremos raíces en lo eterno.

Romperemos la quietud, y aunque no todo lo que se rompe hace ruido, yo pienso en los adagios, en las rapsodias, en el *staccato* y los silencios. Aunque el cantante desafine y el saxofón pierda la nota, allí va la música.

Todo tiene música. ¿Cuánta melodía hay en un abrazo y en un adiós, en un «te amo» y en un «te odio», en un gemido y en un orgasmo? Somos música, la mejor sinfonía jamás compuesta; sin ella la luna solo sería una esfera blanca, el amor una palabra hueca, el dolor una herramienta de tortura, las caricias roces sin sentido, la espera sería un fastidio, las mariposas en el estómago serían vomitadas y solo quedarían mis entrañas, los bares estarían vacíos, no habría aplausos para el tenor, y la risa solo sería una mueca.

¡Qué horror!, qué horror pensar tu ausencia.

Sin música no valdría la pena vivir.

Capítulo 20

Inquebrantable

Cuando tu voluntad es la voluntad de Dios,
entonces se hará tu voluntad.

Charles Spurgeon

Hace mucho que este libro llegó a su fin. Aun así, lo seguimos escribiendo los tres juntos, sí, los tres: Tú, Dios y yo, Él ha escogido casi todas las palabras, y las depositó en tus manos.

He dejado el último capítulo para hablar de Dios porque para mí Él es lo primero. Aunque ha estado presente en todo el recorrido, quiero enfocarme en Su amor que todo lo resume. En Su bondad hallamos la fuerza, la inspiración y las ganas; de Su esplendor provienen nuestros talentos, voluntad y motivación; Su gracia nos ofrece la belleza, las oportunidades y la unicidad. Sobre este amor edificamos nuestra vida.

Dios nos dio un propósito y nos lleva de la mano a conseguirlo. Si no vives en la fe, quizás te parezcan excesivas mis referencias al Creador, pero no pretendo evangelizar, no me corresponde; yo solo quiero dejar un testimonio de lo que este amor ha significado para mí. Este no es un capítulo reservado para los creyentes —tampoco los anteriores—, es una propuesta de futuro para todos. Dios está en el futuro, no en el pasado. Él

Dejemos de ser hijos del ayer y demos a luz el mañana.

siempre te habla desde lo que serás, no desde lo que eres. Aunque no lo creas, hoy es una oportunidad para mirar tu porvenir de una forma diferente. No existen errores de antes ni después, solo los errores de no intentar lo correcto ahora.

No esperes la perfección para amar a Dios, de ser así jamás podrás amarlo. Lo más importante que he aprendido en mis incontables caídas es que resulta extremadamente difícil llenar la inmensidad de tu ser si no satisfaces la necesidad espiritual, da igual cómo la llames: si la sientes, sabes que está allí; si no, entonces tampoco puedes negarla. Mientras más intentes llenarte con lo material, mayor será el vacío que generes, tu desierto se ensanchará más y más, y se hará desolador.

Has usado tu derecho a ser libre para alejarte de Él, hasta eso te ha concedido. Si has decidido caminar lejos de Su

Si eres tan **VALIENTE**, obedece a **DIOS.**

sombra protectora y, aun así, con voluntad y esfuerzo, has logrado imponerte sobre aquello que parecía inalcanzable, sin duda tienes una alta capacidad de determinación,

Seguir a Dios es difícil, pero no seguirlo lo es mucho más.

pero seguirás alimentando la vorágine de un torrente que te devorará: la insatisfacción seguirá presente y la ansiedad será más profunda.

Sé que por mucho tiempo has creído que no necesitas erigir un pilar espiritual en tu vida; también sé que llegará el momento cuando, por más que lo intentes, no podrás eludir la necesidad que te trajo hasta aquí. Tus pasos se harán más pesados cada día, porque hemos sido creados con una necesidad interior que solo puede ser llenada en conexión con lo divino.

Quizás no lo sepas, pero en todos estos momentos en los cuales te has sentido inútil, en esas situaciones en las que has pensado que no mereces vivir y que nadie te espera, has tenido un lugar en Su mesa. Quien se sienta a comer con Él, jamás se levanta igual: moradores y verdugos, rotos y descompuestos, soberbios e iracundos, necios y mentirosos, tú y yo. No importa el tamaño de nuestra fe, ni el de los errores que hayamos cometido, siempre hay un asiento disponible, porque lo que cuenta no es cuánto tardas en fallar, sino qué tan rápido regresas a Sus brazos.

Voltea a ver el cielo: si el firmamento es tan maravilloso, imagínate su Creador. Si no crees, nada pierdes al darte la posibilidad de indagar. Encamínate en una aventura personal, en una búsqueda llena de tormentas y calmas.

Dios no hace chatarra. Él te ama cuando eres débil, cuando eres fuerte, cuando eres bueno y cuando eres malo. Él te ama cuando le hablas o cuando callas, cuando le crees y cuando no, cuando lo niegas y le gritas. Dios jamás cambia, jamás titubea, nunca se contradice, ni llega tarde, jamás te abandona. Hay un futuro prometedor en tu vida.

Sé que has atravesado circunstancias que quedaron grabadas en ti, dolores que no son fáciles de olvidar. Pero añade a Dios en la ecuación y el resultado será infinito: nada podrá detenerte, porque Él no te ha dado un espíritu de cobardía, sino de amor, poder y dominio propio.

Búscalo, pero si quieres encontrarlo, hazlo con amor. Si esperas conocer Su verdadero rostro, no lo busques en la cara de la iglesia, y mucho menos en la mía; encuentra Su reflejo en la Biblia. Dios no te bendice por acudir a los templos ni postrarte en los altares, sino por convertir Su palabra en hechos.

Pa' dejar huella en la tierra, pon tus pasos en lo eterno.

Tampoco lo hallarás en los religiosos, esos que pretenden separarse del mundo llamándolo «secular», creyendo que se elevan a un plano superior hundiendo a los demás. Quieren meter a Dios en una caja, ignorando que Dios es Dios en todos lados y que Dios es Dios para todos los seres.

Nos han mostrado un dios distorsionado por legalistas y fanáticos, modifican la esencia y la originalidad de la Palabra, la cual convierten en unos evangelios que desplazan a Jesús y los pone a ellos en el centro. Si quieres demostrar lo que hay en tu corazón, deja de predicar y haz que tus acciones empiecen a hablar.

Cuando un fanático te diga que solo ellos pueden llegar a Dios, recuérdale que fueron los religiosos los que llevaron a Su Hijo al madero. No vas a cambiar porque alguien te azote a *bibliazos,* para que te «conviertas». Nadie tiene por qué convertirse en nada; la fe es un modo de vida, es una manera de liderar y de seguir un modelo perfecto en un mundo completamente imperfecto.

Dios no tiene que hacer ruido para mostrar que está obrando a tu favor. El silencio es otro de Sus lenguajes.

Perdimos la noción de la providencia, de las pequeñas inmensidades que ocurren a nuestro alrededor. Se nos ha hecho tan común el milagro de la vida que ya ni nos maravillamos con él. Dios no necesita lanzar fuegos artificiales, ni hacer trucos: Él filtra lo sobrenatural en lo natural, lo intangible en lo tangible; Su juego favorito es romper la lógica de nuestro razonamiento con tesoros por ser descubiertos.

Todos hemos tenido ese instante cuando, de forma inesperada, te descubres en armonía plena con lo que te rodea. Tal vez sucedió en el lugar menos esperado, quizás en un concierto donde miles de personas saltaban y tú quedabas en silencio mientras sentías todo el peso del presente; te aferraste a esa sintonía con lo absoluto, y de un segundo a otro, la razón llegó para arrancarte y devolverte a este espejismo que llamamos realidad.

Existe una manera de sentir esa dicha la mayor parte de nuestros días, es la aventura de vivir en el espíritu: descubrir que por momentos, sin buscarlo ni forzarlo, dejamos de pisar el mundo finito que nos ata a nuestra cadena corporal, momentos en los cuales nos desprendemos y vagamos por el cosmos, en la quietud del *kronos*, que ha mirado el nacimiento y la muerte de cientos de estrellas tragadas por hoyos negros. Esa es la voz del Diseñador de lo eterno, del Arquitecto de todo lo visible y lo invisible, que nos dice: «Te amo».

Nos urge despertar nuestros poderes de intuición, reconectar la mente con el corazón y que ambos sean regidos y dirigidos por la dimensión del espíritu, esa energía poderosa que surge de nosotros. El espíritu te lleva a esos momentos cuando sientes que formas parte del todo, que el cosmos está dentro de ti y tú en él; te hace mirar lo que hay entre los pensamientos y las emociones, justo ahí donde se manifiesta lo más profundo y tu mirada rasga el velo que separa lo físico de lo sobrenatural. Tomas tu asiento en primera fila para disfrutar del sentido y el propósito de la vida.

En segundos recibes respuesta a miles de preguntas y logras ver con claridad la ruta que conduce a la tierra prometida. Es la sensación que no te invita a pensar, sino a actuar, es un impulso que te revela que es hora de llamar. Es la voz mística que te alerta de peligros físicos y emocionales, ese GPS que te muestra la malevolencia detrás de una sonrisa, es el zumbido que descubre la envidia, el francotirador que te muestra la herida y el ladrón que cuida tu paz y tu gozo.

> **Dios hará lo que tú no puedes hacer, no lo que tú no quieras hacer.**

Hay quienes desdeñan la fe como la ingenuidad del deseo. Lo peor es que muchos creyentes así lo han asumido. La conexión con lo divino no es pedir para recibir, es dar sin esperar nada a cambio. Nuestros prejuicios modernos y la severa ignorancia con que miramos las Escrituras, nos han llevado a trivializar la verdad y a convertir su caminar en un par de historias mágicas, de las cuales no extraemos la profundidad de su sabiduría. Todo cambiará para bien el día que entiendas que la vida consiste en permitir que Dios te use para Sus propósitos, no tú a Él para los tuyos.

Quien pide poco a Dios, ruega mucho a los hombres, por ello, la tarea que te dejaré en este capítulo será orar.

Para que aprendas a orar de modo eficiente es necesario que aprendas cómo. Más adelante te indicaré los pasos para hacerlo de la forma más adecuada. Necesito que leas estas instrucciones con detenimiento y las incorpores a tu día a día. Síguelas al pie de la letra porque no hay manera más efectiva para iniciarse en la oración que la que te indico a continuación:

Estos son los pasos:

1. Ora

Listo.

No pidas de modo vago y confuso. Dios responde ante lo claro y contundente y nada lo es más que tus acciones. Estás ciego y solo le pides un bastón. Luego te quejas de que recibes poco.

Cuando oro —lo hago cuando camino, al correr, de rodillas, durante una conversación, mientras lloro, cuando rio, y de otras mil maneras—, abro la puerta de lo sobrenatural, de un mundo al que por lo regular entramos hincados y salimos de pie, dispuestos a volar. Se puede orar de forma sencilla y simple, sin palabras grandilocuentes. Puedes hacer preguntas rápidas y efectivas, y Su voz te da la respuesta. Él me lleva y me regresa en un soplo, y al abrir los ojos tengo pintada una sonrisa que solo el Jefe me pudo poner en el rostro. Para recibir esta información clara, debemos limpiar nuestra mente de telarañas e interferencias, estas solo impiden que la comunicación fluya.

Jesús es el camino, aunque te corten las piernas. Cuando el mundo te grita: «No eres nadie», Él te grita: «Eres mi hijo amado», y eso ha de bastarte.

Mi religión es el amor a todos, el juzgar a nadie; el perdonar a todos, el mentirle a nadie; es soñar con que puedo disminuir el sufrimiento, es exhortar al amor, conciliar la ciencia con el espíritu, la razón con el corazón. Es la lucha constante por parecerme a Jesús en un mundo que no se parece a Él.

Me gusta pensar que no he amado lo suficiente, que no he besado lo suficiente; así amo y beso más. Yo amo a quien se me ponga enfrente y abrazo al que se deje, porque al final me quedo con un poco de ellos y ellos con un poco de mí. ¿Acaso no es la única manera de vivir un poco más de tiempo en esta tierra, aún después de haber partido al sepulcro? Yo quiero tocar, besar y dar una palabra de aliento. Por aquí, por allá, por donde sea. Cara a cara, busco cumplir mi propósito, construir un legado, no una simple herencia.

No somos santos ni perfectos, somos inquebrantables.

Yo no quiero motivar, yo quiero inspirar; yo me prefiero loco y que al mundo no le alcance para mi terapia, yo no formo parte del multinivel celestial, me quisieron meter en su molde y se los rompí. Nadie es menos, todos estamos sucios, rotos o cuarteados, pero lo que se arregla desde arriba siempre queda mejor, porque en la debilidad se perfecciona el amor de Dios.

Busca ser de espíritu recto y afable, para que antes de salir a cambiar el mundo, puedas cambiar el que existe entre tus cuatro paredes.

SI DIOS

entra en la historia,

el final será

PERFECTO.

ME DESAFÍA

Me enfurezco, y Él me dice: «Perdona».
Quiero seguridad, y Él no me promete nada.
Tengo miedo, y Él me dice: «Sigue».
Quiero tranquilidad, y Él me solivianta.
Dudo, y Él me dice: «Confía».
Quiero madurar y Él me trata como a un niño.
Busco riquezas, y Él me dice: «Despréndete».
Quiero brillar, y Él me pide orar escondido.
Fabrico planes, y Él me dice: «Déjalos».
Quiero ser jefe, y Él me manda a servir.
Me angustio, y Él me dice: «Tranquilo».
Quiero esconderme, y Él libra por mí.
Hablo de paz, y Él me dice: «Dispara».
Quiero mandar, y Él hace que lo obedezca.
Saco mi espada, y Él me dice: «Ríndete».
Quiero el cielo, y Él me lanza a la tierra.
Creo que soy bueno, y Él me dice: «Mejora».
Quiero volver, y Él me incluye en la diáspora.
Me acuesto a dormir, y Él me dice: «Despierta».
Quiero claridad, y Él escribe metáforas.

Siempre leo y veo a un Jesús que va, que viene, que sube a barcas, que baja montes, que entra en casas, que sale de templos, que habla en las calles y plazas; un Jesús que limpia y sana, un Jesús que no se esperaba a mañana. Siempre leo a un Jesús activo, apasionado, enfocado, dispuesto, ordenado, positivo, que tiene marcado un mapa y en él una ruta. Nunca leí a un Jesús esperando, mudo, gris, estático, sin acción ni, mucho menos, perezoso.

Jairo buscó a Jesús desesperado; su hija había muerto; le pidió que viniera, le dijo qué creía necesitar y declaró en fe: hay una fe de resurrección que solo existe cuando aun después de la muerte hablas como si todo estuviera vivo.

Hay un orden para activarla. Lo increíble de esta pequeña historia es que mientras Jesús caminaba hacia la hija de Jairo, hizo otro milagro al pasar.

La mujer del manto nos muestra otro tipo de fe: fue, habló con ella en silencio, hizo y creyó mientras accionaba.

Cuando Jesús piensa, camina, habla o se mueve, milagros suceden en el momento, a centímetros y a distancias incalculables, Él es dueño del tiempo y del espacio.

No te limites, ve más allá. Jesús logró tanto en una época tan llena de odio y enojo porque nunca se quedó en una sinagoga; muchos no hubieran sabido nada de Él si no hubiera ido y cruzado, jamás se quedó estático. Las paredes de la sinagoga no pudieron detenerlo, ni encerrarlo; ni los juicios ni los murmullos detuvieron Su propósito.

Vayamos más allá de nuestras competencias, necesitamos buscar incentivos en el alma, que nos empujen a ir más allá de lo que nuestros talentos o dones delimitan. Seamos como Él. Jamás me sigan a mí, porque el único digno de imitar es Él.

Es hora.

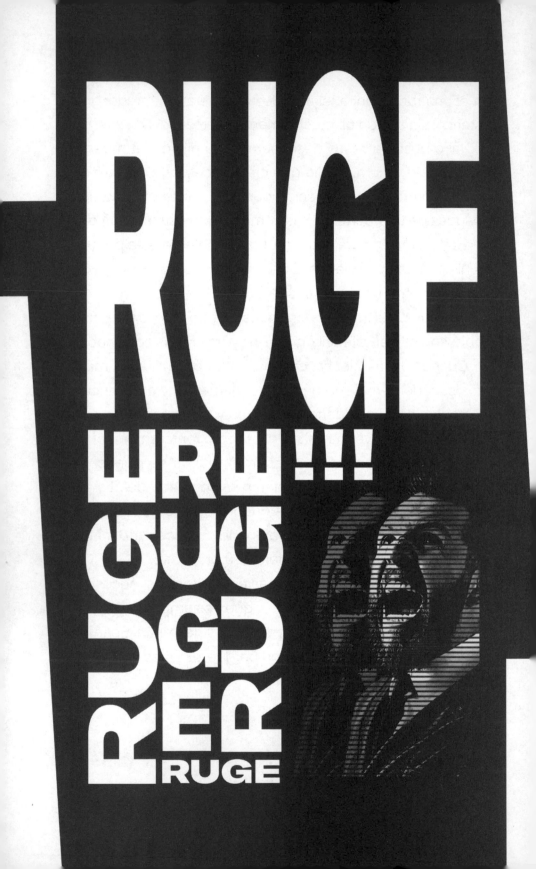

Antes de terminar

Carta a mi madre

Dicen que casi me muero al nacer, pero tú me salvaste. Tu corazón inmenso supo que algo andaba mal, tu espíritu escuchó mi grito y tu amor me rescató. Desde feto, ya valía la pena luchar porque sabía que me esperaba una reina, una amiga y mentora. No me podía perder la vida si tú aguardabas allí afuera, mamá, jefa, hermosa, Pecas, viejita, doña Delia, chula. ¡Cuántos apodos te he puesto!, ángel mío, sin que ninguno abarque lo que vales para mí.

Llamarte madre te queda corto, amiga es insuficiente; declararte hermosa no te hace justicia y decirte Delia no me cuadra. Mirarte es ver el rostro de un ángel.

Sé que me dirás que esa era tu «responsabilidad», que me trajiste al mundo para amarme y cuidarme, no para que yo te «diera las gracias». Pero yo te digo que estás equivocada: ¿cómo no agradecerte el llevarme nueve meses en tu vientre, el poner tus ojos en blanco y pujar mis 3,2 kg? No te vayas, aún no he terminado de agradecerte.

Gracias por leer 200 veces mi cuento favorito, por hacerme más de 6.000 desayunos, por tenderme la cama en cada despertar que viví a tu lado, por mostrarme cómo amarrarme los zapatos, por lim-piarme los mocos, por hacer de mis rodillas granadas. Me enseñaste que los puños son para sostener, no para golpear, que soy un león y cómo rugir cuando había que rugir.

Tu ejemplo reflejó que la vida no sirve sin visión, que el amor es un pacto y una decisión. Me explicaste que la receta de la vida lleva huevos. Me preparaste para perdonar lo inimaginable, para no intercambiar mi paz por monedas, para convertir una casa en un hogar, para no buscar pretextos, para ensanchar mi espíritu antes que mi cartera.

Gracias por ayudarme a aceptar mis errores, a no claudicar ni darme tregua, por entregarme el don de servir, de dar y recibir y por llenarme de ganas de aprender. Tus lecciones me hicieron comprender que la rebeldía necesita propósito y que la pasión y la disciplina valen más que todos los talentos juntos.

Me enseñaste a no lamerme las heridas, que se me dio esta vida para darla por otros, que los sueños se encuentran mirando hacia arriba. Con tus palabras y acciones, le diste valor al perdón, a la gratitud, al honor, a la fidelidad, a la mansedumbre, a la humildad y a la sabiduría.

Soplaste las velitas de mi piel, cuidaste mis gripas, preparaste mis postres, me defendiste en público y me aleccionaste en privado; trabajaste incansablemente para darme de comer. Me sacaste tantas carcajadas, que de ellas brotó mi primera arruga. Cuando tuve miedo, me acogiste en tu regazo; me acariciaste mientras yo dormía. Sonreíste aun estando enferma, me serviste el pan que te quitaste de la boca, me llamaste hijo y me hiciste hombre.

Me consolaste cuando me rompieron, enalteciste mis virtudes y puliste mi carácter. Hoy me amas como si nunca me hubiera equivocado, como cuando subía el volumen de la música y afligía a mi guitarra. Zurciste mis pantalones, me animaste a usar el metro y a llegar solo a donde iba; te desvelaste al esperarme, lloraste mis tropiezos más que los tuyos, me llevaste a Disneylandia y me ocultaste la deuda que asumiste por ese viaje.

Soportabas los regaños de tu jefe cuando salías a cuidarme porque estaba enfermo, y tus besos me curaban. Si te preguntaba cómo estabas, siempre respondías: «Estoy bien. Dios me cuida». Me enseñaste que se es millonario ayudando a otros. Sé que podría pasar días, horas y hasta años listando las razones para agradecerte.

Gracias porque hoy trato a mi esposa como una princesa porque fui educado por una reina.

No todos los superhéroes llevan capa, el mío tiene arrugas y lunares en el rostro. Sus súper poderes incluyen un abrazo que desintegra el miedo, un beso que borra la tristeza y una sonrisa que destruye la amargura.

¿Te queda un poco más claro por qué ningún nombre te abarca? Gracias por llevar las caricias de Dios en tus dedos.

Te amo, mamá.

Carta a un pueblo oprimido

Tú que has tenido que partir de tu tierra, aunque cada segundo extrañes el olor de tu hogar, los ruidos de tu barrio y la risa de tu abuela, debes saber que no estás solo. Cuentas con miles de antorchas humanas que, como atalayas unidas a kilómetros de distancia, te enviamos una señal de esperanza porque sabemos que has salido a buscar refuerzos. Ves sangrar a tu patria y has enmudecido ante la bestialidad humana. Estamos aquí porque la mejor herramienta de progreso es la edificación mutua; sin tener en cuenta nacionalidad u origen, todos en algún momento hemos sentido la necesidad de servir a otros.

Nuestra tierra lleva mucho tiempo en sufrimiento. Habitamos un continente que lleva siglos recibiendo el azote de generales y caudillos, «hombres fuertes», que en su debilidad han conducido sus naciones como haciendas personales. Ellos nos acostumbraron a tener instituciones débiles y constituciones a su medida.

Sin haber abierto un libro, colgaron su retrato en las escuelas; causantes de las mayores heridas, pusieron su nombre en los hospitales. Se sucedieron en sangrientas revoluciones a las que nunca enviaron a sus hijos y nos arrancaron la libertad que nuestros próceres nos dieron.

Un viento frío subió del sur, un soplo helado de muerte y tortura; un vaho sofocante descendió del Caribe, una fumarada de opresión y miseria. Millones salieron de sus países, atravesando los Andes o lanzándose al mar en frágiles tablas, más dispuestos a ahogarse o a congelarse que a tolerar la agonía de morir en vida.

Nuevamente vivimos una oleada de luchadores que cruzan la cordillera, el istmo y el estrecho en búsqueda de una libertad que les fue arrebatada. En tanto, los nuevos caudillos salen de los retratos y se hacen figuras fotogénicas, cambiando las miradas severas por el populismo y las barbas desaliñadas por la grandilocuencia. Todos se valen de la trampa barata de poner a unos contra otros. Mientras nosotros nos odiamos, ellos alimentan sus fortunas personales y mantienen con vida a la ponzoña que les ha pervertido.

Ellos enriquecen y tú padeces recibiendo humillaciones fuera de tu patria o viéndola sufrir, dentro de ella. Pero en esta vida se necesita una simple chispa para acabar con la oscuridad, frota tus piedras internas para iniciar el nacimiento de la luz. Portar la claridad es un acto de valentía, ya que caminar en tinieblas es para personas con temperamento y carácter, pero sobre todo con firmeza y arrojo.

El fuego se crea, pero solo si se provoca; su luz es consecuencia de una reacción que por añadidura da calor. Hoy la tarea no es iluminar el exterior, sino el mundo interior. Más que encender la luz, el reto es saber cuál luz prender.

Te doy las gracias por resistir el peso del dolor, por soportar la indiferencia, por no darte por vencido y curtirte en el terror. Hay que ser muy valiente para sonreír cuando se está quebrado por dentro y no tener otro remedio que dejar el lugar que amas o entregar la vida por su libertad. Gracias por darnos a todos un motivo profundo para defender nuestras convicciones y valorar nuestra democracia.

Tu trabajo es hacer de la realidad un plano más profundo, es decirle al mundo moderno y a la realidad distorsionada que con tus sueños no se juega. Tu trabajo es enfrentar la desquiciada ironía del pragmatismo, y derrumbar la falsa imagen que intenta exportar la miseria a todos los lugares.

No dejes de soñar: tú no perdiste tus sueños, solo te nublaron la vista, pero hoy has recuperado la visión. He venido a decirte que la generación que perdió sus sueños y se gestó en las cadenas se levantará para acabar con la esclavitud. Los países de nuestra tierra que sufren la opresión no verán su muerte, sino un renacimiento. Y pronto, muy pronto, tú dormirás como Dios te trajo al mundo: sin miedos, sin cadenas, sin hambre y sin dolor.

Aquellos que tuvieron que huir, regresarán a su hogar, recuperarán su resplandor y su luz no será pasajera; de las entrañas del dolor nacerán naciones que darán brillo al mundo.

Los gobernantes que hoy pisotean al pueblo con vulgaridades y quimeras sabrán que el líder más poderoso no es quien posee ejércitos y fortunas, ni quien goza de un centenar de sirvientes o un millar de mujeres, ni el que domina a las masas con miedo y terror. El líder más poderoso del mundo es aquel que ama más a otros que a sí mismo, aquel que conquista sin dejar un rastro de sangre, el que desarma ejércitos y abre fronteras, el que trafica con el bien.

Cuando muerdan el polvo porque sus aliados les morderán los tobillos, les arrancaremos esos trajes llenos de medallas y revelaremos los niños miedosos que siempre fueron, pero que hoy usan el terror para esconder su debilidad.

Mira bien a este mexicano con corazón de arepa, que late con versos de Rubén Darío y sufre taquicardias al ritmo del son, que te dice que siempre habrá días difíciles, donde el dolor será paralizante, pero nada es para siempre. Pudiste haberlo perdido todo estos últimos 10, 20 o 60 años, pudieron haberte robado todo, pero aún tienes vida para recuperarlo todo. Hoy lo intentaremos de nuevo, porque ha llegado el momento de obtener una victoria total.

La única manera de acabar con el mal es estar enfocados en el bien; no hay fronteras entre nosotros. Muchos te dirán mañana que ya no vale la pena luchar, pero falta poco para que esas lágrimas tengan su recompensa, y esas heridas sean transformadas en sonrisas.

Es tiempo de limpiarse y sacudirse el polvo, de aprender que de las malas rachas nacen las buenas etapas. Surgirás indestructible como el diamante.

A partir de hoy, solo hablarás de victorias. Y aunque la vida nos tumbe los dientes, sigamos firmes porque nada ni nadie puede detener a un continente que jamás se da por vencido. Doblemos las rodillas e impulsémonos con ella para que las fronteras sean abiertas y lo que toque Dios jamás sea cerrado.

América. Ruge, ruge. ¡Ruge!

No es tiempo de tenerle miedo a la vida, sino de que la vida nos tema a nosotros.

¡Dios te bendiga!

Carta a los hombres

¿Se han imaginado qué sería del mundo sin ellas?

Tenemos distinto sexo y venimos en moldes diferentes, pero tengo algo claro: nacemos varones y por ellas nos hacemos hombres.

Sin ellas no existirían nuestros sueños, sin ellas ni tú ni yo sabríamos dónde tenemos la frente. Sin ellas hubiésemos crecido desnutridos e insípidos, sin ellas no seríamos más que cavernícolas malolientes; sin ellas no sabrías dar la mano, ni tus lágrimas tendrían sentido. Ellas demuestran lo perfecto de la creación, porque solo así surgiría algo tan parecido al amor, a la bondad, a la misericordia y al perdón.

Demos gracias a las mujeres por soportarnos con tanto amor durante el parto, por ser el instrumento favorito, por ser cocreadoras de la obra universal, por sus recetas y sazones, por sus curvas y sonrisas, por sus canas y arrugas. Agradezcamos el habernos despertado para ir a la escuela, por sus gritos y gemidos, por su fortaleza y carácter, por sus bailes y caricias, por sus inventos y quejas. Hagamos un homenaje por su ayuda idónea, por encarar con sabiduría a quienes tienen aire en el cerebro.

Pidamos perdón en nombre de todos los hombres que las han lastimado, blasfemado, engañado, olvidado, traicionado, usado, ultrajado, golpeado... ¡No!, no viviremos lo suficiente para pedir tanto perdón. Quiero un mundo en donde cada uno de nosotros camine la tierra para honrar, amar, cuidar y bendecir a las mujeres.

Un gran hombre no es quien conquista mil mujeres en su vida, sino quien tiene una sola y la conquista mil veces, reinventándose cada día, minuto a minuto, segundo a segundo.

Un hombre no es el que construye una casa y la abandona, sino aquel que hace de ella el hogar de su familia.

¡Que vivan las mujeres!

Carta a un genio

Tu mente de áureo esplendor, tus ojos de telescopio, tu mano de bisturí, tu curiosidad infinita. Vivías entre el sí y el no. Creo que eres un valle abierto como el Vinci de la Toscana, corazón de los etruscos. Los detalles de tu zurda parecen no tener límites, supliste tus estudios limitados con una mirada aguda y una imaginación inagotable. Viendo las aves, quisiste volar, y lo hiciste. Nos hiciste volar.

Obsesionado con la luz y la óptica, la simetría y lo alto de la perfección, por unir el arte y la ciencia. Vegetariano, afable, ameno, elegante, refinado y sofisticado; fuiste un inconforme, un maestro de lo inconcluso. Al parecer, nada te era ajeno. Fuiste el hombre que lo quería saber todo: definirte como pintor es rebajarte, eres el emblema del pensamiento universal, pura alquimia mental de la unidad a la multiplicidad.

Fuiste un genio con muchas luces y sombras, como todos aquellos que están dispuestos a pagar el precio de estar enmarcados en el museo de la vida. Tu generosidad le dio de comer a todos tus amigos, ricos o pobres, entre Maquiavelo y Botticelli, los Medici y Sforza, los Borgia y tu pleito con Miguel Ángel.

Gracias por «La Virgen de las rocas», por el Retrato de un músico, por tus huellas en la «Anunciación», por esconderte detrás de la sonrisa de la «Mona Lisa» y sus 77 por 53, allí te vemos entre el «sfumato» que baña ese rostro de misterio. Gracias por mostrarnos las penurias de «San Jerónimo», la femenina lucidez en «La dama del armiño», por las 24 palmas del Vitruvio. Lloré al ver «La última cena» en Santa María de la Gracia. ¡Qué mural al temple y óleo! Se siente que lo pintaste con furia. Te imagino en Milán buscando una cara para Judas, y creo que terminaste por pintar al prior, al final eran igual de traicioneros, ¿a qué no?

Tus pinturas no se ven, ellas nos ven a nosotros. No bastándote con tan supremo talento, te rompiste y te adelantaste entre mil aristas:

ingeniero, arquitecto, botánico, músico, poeta, anatomista, científico, escultor, filósofo, urbanista, paleontólogo. Polímata te queda corto.

Nos dejaste ballestas gigantes, tanques tortuga, una lira de cráneo equino, unas gafas para bucear en el Arno y hasta frivolidades como la fórmula de un tinte rubio o cómo preparar un baño para la esposa del duque. Te imagino caminando entre Roma, Florencia y Venecia, rompías los cánones, vestías túnicas de rosado terciopelo, cubierto de sangre, diseccionando caballos y cabellos, siendo la cúspide del Renacimiento. Tu herencia es incuestionable, miles y miles de páginas abarrotadas de dibujos y apuntes.

Quinientos años después de dejarnos aún nos asombran tus enigmas irresolubles, tus preguntas de dinamo. Tu vida y obra siguen siendo un misterio, nos preguntamos cómo pudiste hacerlo todo en una sola vida, me dan ganas de lanzarme al Mediterráneo con la escafandra que inventaste.

Lo tuyo fue pasión absoluta y esfuerzo interminable, jamás te juntaste con la pereza y siempre desechaste lo común; renunciaste a todo aquello que no te acercara a tu propósito sin permitirle al mundo que te convenciera de lo ínfimo. Nunca admiramos a los realistas, nunca resalta lo ordinario. Los absurdos fracasan porque tienen miedo a salir adelante, no pierden porque siempre le apuestan al fracaso; este miedo les atrapa en dudas, y por eso no se atreven a entregarlo todo.

Nunca te guardaste ningún talento porque no hay dones pequeños. Nos mostraste que buscar lo imposible es decirle a la realidad que con nosotros no se juega. Soñaste en grande y nunca miraste atrás: llegabas o llegabas.

Necesitamos soñadores como tú para esta absurda realidad. ¿Dónde están los Leonardos?

Carta a mi padre

Hoy amanecí pensando en ti, padre. Soñé contigo y, por un instante, pensé que podía llamarte, pero ya no estás aquí. Aun así, doblé mis rodillas para hablarte, buscando la respuesta a ese mensaje de joven que nunca contestaste. No escuché tu voz, pero sí la de mi Padre celestial: «Daniel, él está conmigo y ambos estamos orgullosos de ti: Eres un buen hijo».

Sentí mis lágrimas caer y un bálsamo cubrió mi alma. No niego que muchas veces reproché tus actos, que lloré y no entendí tu accionar. Mi corazón se quebraba con solo mencionar tu nombre e imaginar tu rostro. Pocas veces te pude abrazar; pocas veces platiqué contigo. Eras en extremo preparado, de un temple y una firmeza como escasamente se ha visto. Tu carácter y tu fortaleza generaban respeto: eras solitario, taciturno y cuando decías algo, lo teñías de sarcasmo.

Tus callos se labraron con trabajo de quien se ensucia las manos y come con ellas. Nunca te vi usar traje ni corbata; en su lugar te ataviabas con dos plumas y dos lapiceros en el bolsillo de tu camisa. Ingeniero y militar, ibas dejando fórmulas, ecuaciones y poemas en servilletas y papeles sueltos. Te gustaba Bob Marley y lo primero que me enseñaste fue que el teorema de Pitágoras no era suyo. Eras un experto en historia, te encantaban las aves y ellas te hacían suponer que existe Dios.

Tu puño derecho permanecía cerrado porque decías que la vida golpeaba en cualquier momento y que ni de pendejo dejarías que te tumbase; y mira que te creí, porque con dos cánceres encima, nunca dejaste de ser un trabajador incansable, un estudioso empedernido, un tiránico en la disciplina, un visionario que inventó cientos de productos que aún se usan en el mundo entero.

Te fuiste hace tan poco, pero ya tu recuerdo es una perla para mí. Cuando el tiempo lo disponga tendremos la eternidad para hablar y platicar sobre Esparta y las Termópilas. Mientras escribo, me gotea el alma, dejando charcos entre las letras. Disculpa que tu pequeño llore, pero si no lo hago, me inundaré por dentro. Sé que no leerás estas palabras, pero quizás le sirvan a alguien que no tenga un padre en su vida.

Alejandro, te llevo en la sangre, en todas mis venas; tu esencia vive en mí. Tu muerte, más que dejarme incompleto, terminó por completarme y sanar tu ausencia. Hoy asumo que tu lejanía es una gran enseñanza en mi vida. Si en mi juventud te culpé por lo malo, hoy te culpo por todo lo bueno que yo tengo de ti. Sin duda me heredaste el coraje y la resiliencia. Tu ausencia me educó. ¿Cuántas ausencias nos educan para entender que el amor se poda, se pule y se recrea?

El dolor de la ausencia nos ayuda a crecer, no cuando aprendemos a dejar ir a quien nos abandona, sino cuando dejamos ir los pedazos de nosotros que quedan pegados a ellos.

Te escribo esta carta por si llega a manos de quien aún siente resentimiento hacia alguno de sus padres, para que sepa que debe perdonar de una vez por todas. Duele, pero es mejor vivir una verdad que hacerlo desde el fraude del rencor. El perdón es la llave a la reconciliación personal, es el agente redentor de toda herida. La Palabra nos manda a honrar a nuestros padres a pesar de todo —de las ausencias, de los gritos, de las traiciones, de las fallas y de las maldiciones— y nos promete largura de días, sabiduría y gloria en esta tierra.

Si este mundo perdonara un poco más, seríamos un poco menos de este mundo.

Pronto te veré. Pero mientras ese momento llega, honraré tu memoria siendo el mejor en lo que hago. Aunque tus ojos no verán estas palabras, yo sí veo lo que hago.

Siempre te amaré, padre.

Tu hijo Daniel

Carta a mi esposa

Esposa, eres mi mayor éxito y gran bendición. Entre más verdades digamos sobre Dios, más mentiras dirán de nosotros; pero qué importa si tú, Él y yo somos mayoría. Que el mundo se quede con sus fortunas, que la gente se quede con sus nombres y con sus aplausos, porque conseguir éxito y fama cualquiera, conseguir títulos grandilocuentes cualquiera, porque ganar premios y monumentos cualquiera, porque los he visto tener éxito en la vida pública pero no en la privada.

Yo he perdido pelo, pero no el gusto de abrazarte. He perdido negocios, pero no el gusto de gastarme para ti. He perdido pedazos de piel, pero no el roce de tus manos. He perdido amigos, pero no tus buenos días. He perdido aviones, pero no las nubes a las que me elevas. He perdido tiempo, pero no las horas de tus brazos. He perdido mucho, pero contigo lo tengo todo, porque me amas y te tengo.

¿Cuánto vale la vida si no tienes por quién perderla?

No se necesita ganar sino perderlo todo por el otro, por eso insisto en que el mundo se quede con el mundo, porque yo te prefiero a ti.

Como no te puedo amar más, creo que las mariposas ya se me salieron del estómago para volarme en la cabeza. Por eso es que, cuando me preguntaron sobre las drogas, yo les hablé de tu sonrisa.

Tú, esposa mía, estrella de mar, mi luz, mi amiga, mi amante, mi socia, eres con quien quiero estar hoy, mañana y siempre. Pensar en el infinito me emociona. ¿Sabes por qué? Porque es saber que nos falta muchísimo por caminar juntos. Amo las primaveras, los otoños y las oscuridades a tu lado, los dolores son la gloria de aquellos que hemos entendido que venimos a este mundo a amar, y tú me has hecho amar como Dios manda.

Anyha, quiero que sepas que no importa lo grande o lo pequeño de nuestro hogar, ni lo ancha o angosta de nuestra habitación, siempre que podamos vernos a los ojos y saber que el infinito cabe en nuestras miradas.

Mira cómo se demora el sol, que se niega a irse al poniente para quedarse contemplando tu belleza.

Danny

Carta a los hipócritas

Deja de preguntar cuál es mi religión. No conseguirás hundirme diciendo que es distinta a la tuya, porque entre más insistas en destruir a los que no profesan tu credo, más me empeño en disminuir su sufrimiento; entre más separes a las personas por cómo piensan, más uno a la ciencia con el espíritu, a la razón con el corazón; entre más escarbes en el bolsillo de los pobres, más les daré a los que tienen mentalidad de rey y no de mendigo; entre más censures a los que no adoran a Dios de la forma en la que tú lo haces, más elogiaré a los sucios y a los que reprobaron en espiritualidad.

Mientras me exiges que muestre mis frutos, tú te pudres sin madurar. Sudo por imitar a Cristo, no a quienes se hacen llamar cristianos. Él dijo que Sus seguidores serían conocidos por su amor y misericordia, no por sus pancartas de protesta, juicios apresurados y confrontación nociva a la cultura que les incomoda.

Predicas la eternidad, pero vives como si nunca quisieras alcanzarla. Mientras tú quieres que te llamen «religioso», yo no espero más que abrazar a Cristo, representarlo a plenitud y vivirlo intensamente. Quiero ser luz en el mundo, no la estrella de una iglesia; quiero que la gente siga sus sueños, no los míos. Soy de esos que no califican para seguir a Jesús, pero aun así lo hacen. Si me llevas la contraria, yo te llevo a besos.

Te escudas en la Biblia sin refugiarte en ella. La ves como un muro que excluye, no como la inmensa sala que da la bienvenida a quienes necesitan de su amparo. Citar versículos y pegar gritos de «la Biblia dice» no te llevará a ninguna parte si no la aplicas primero en ti. No será suficiente decirle al mundo que según Mateo esto o que según Lucas lo otro; en lugar de condenar a quienes no la conocen, sé tú la Biblia viva de quienes no la leen.

Dios es más grande que un simple concepto, que una etiqueta; Dios es mucho más que una tradición conservada en un edificio de metal. Dios es Dios para todos y no solo para los que piensan como tú. Deja de separar el mundo entre religiosos y laicos, deja de aislarte en una burbuja para no ser infectado. Qué fácil es pensar que estás iluminado cuando en realidad caminas con la luz de otros.

Los prejuicios modernos, la postiluminación y la severa ignorancia con la que miras las Escrituras te han llevado a trivializar la Palabra y a convertirla en historietas mágicas, lejos de la majestuosidad de su sabiduría, la cual se debe estudiar, pero, antes que nada, se debe vivir.

Deja de tachar mi lenguaje. No me disfrazo de perfecto. No soy de quienes hablan en lenguas exquisitas y no controlan la que tienen. Sé que en ocasiones mis palabras son altisonantes, pero las prefiero a tu prédica del odio. Pienso que no hay cumbre que no se pueda alcanzar de rodillas.

Todos los días me enfrento a mi ego y lucho por dominarlo, aunque algunas veces pierdo la batalla. Me sumo a los incongruentes, a los que aún tienen mil heridas por sanar. Yo también he sido piedra en el camino de alguien más. Esta obra que ves aún no está terminada, se sigue perfeccionando, porque no soy yo el alfarero que la esculpe, sino el barro que es moldeado por el Artesano del cosmos.

Creo en el amor sin condición, en el amor a los enemigos; creo en un amor que no contemple un listado de pruebas por cumplir. No me detengo a ver si alguien merece mi abrazo o no. Solo al final sabré si lo hice bien o mal.

Doy mi voz imperiosa a quienes temen gritar la suya. No pretendo formar un ejército de borregos, ya son muchas las ovejas: ayúdameee, cuídameeee, órameeee. Veo que hay demasiados que, en vez de esquilar a su rebaño, lo trasquilan. Este mundo no necesita más ovejas, necesita líderes dispuestos a vivir a la vanguardia de todos los flancos, el llamado es a la osadía, no a un festín.

Mientras tanto, te niegas a asumir esa batalla, te justificas diciendo que desde tu trinchera haces lo que puedes. Pero es que el toro siempre se verá manso desde la barrera. Desde la comodidad de las tribunas, cualquiera grita «¡Olé!».

Reprochas mi verbo, pero cambiaste las palabras «amor» y «misericordia» por «apóstata» y «falso profeta». La victoria está entre lo que piensas y lo que sientes, la lucha entre lo que quieres y lo que haces, la gloria entre el por qué y el para qué. Nadie va a encerrar a los responsables de tus inseguridades.

No hay historia más triste que la de la persona cuya vida fue una hoja en blanco, pero su cobardía permitió que fueran otros quienes escribieran sobre ella.

Deja de culparme por lo que soy. Te advierto que la verdad aplasta a la gente falsa. Cállate si vas a enjuiciar, cállate si vas a criticar.

El malvado culpa a Dios.

El religioso al diablo.

El fariseo al dinero.

El legalista al libertario.

El necio no sabe a quién culpar.

El soberbio culpa a los demás, y en la tumba del soberbio está enterrado el necio.

Mira lo bueno, busca lo bueno, no dejes de mejorar y de crecer. Dame la mano y no paremos de hacer el bien, no usemos nuestra vida en pensar y desear el mal, sigamos con sabiduría aquellos caminos que nos roban la paz; tomemos lo mejor de la gente y de los que nos rodean, llenémonos de gozo, seamos un poco «menos malos» y un poco «más buenos»; y si no sabes ser bueno, no te preocupes, para ti también hay un espacio en la mesa celestial.

Busquemos la prosperidad de adentro hacia afuera, pero sobre todo busquemos lo mejor para los demás y compartamos nuestro pan con todos aquellos que necesitan una porción. Sé sabio en los errores y humilde en los aciertos, ámate en la oscuridad y no te encandiles con la luz.

Yo no sé cuál sea tu propósito de vida, pero si aún no adivinas cuál es, ve y sirve a los demás. Te aseguro que ahí encontrarás una mina inagotable de paz, gozo y felicidad.

La próxima vez que veas a alguien vacío, llénalo de amor, no de juicios.